王維

嗨！有趣的故事

Hi! Story

霍麗婕

中華教育

【出版說明】

在文字出現以前，知識的傳遞方式主要就是語言，靠口耳相傳的方式記錄歷史與情感表達。人類的生活經歷、生命情感也依靠著「說故事」來「記錄」。是即人們口中常說的「傳說時代」。然而文字的出現讓「故事」不僅能夠分享，還能記錄，還能更好、更廣泛地保留、積累和傳承。

《史記》「紀傳體」這個體裁的出現，讓「信史」有了依託，讓「故事」有了新的準則：文詞精鍊，詞彙豐富，語言精切淺白；豐富的思想內容，不虛美、不隱惡。選擇人物一生中最有典型意義的事件，來突出人物的性格特徵，以對事件的細節描寫烘托人物的情感表現，用符合人物身份的語言，表現人物的神情態度、愛好取捨。生動、雋永而又情味盎然。

「故事」中的人物和事件，從來就是人類的「熱門話題」。她是茶餘飯後的趣味談資，是小說家的鮮活素材，是政治學、人類學、社會學等取之無盡、用之不竭的研究依據和事實佐證。

中國歷史上下五千年，人物眾多，事件繁複，神話傳說與歷史事實並存，正史與野史交錯互映，頭緒繁多，內容龐雜，可謂浩如煙海、精彩紛呈，展現了中華文化的源遠流長與博大精深。讓「故事」的題材取之不盡，用之不竭。而其深厚的文化底蘊如何呈現，怎樣傳承，使之重光，無疑成為《嗨！有趣的故事》出版的緣起與意趣。

《嗨！有趣的故事》秉持典籍史料所承載的歷史精神，力圖反映歷史的精彩與真實。深入淺出的文字使「故事」更為生動，更為循循善誘、發人深思。

《嗨！有趣的故事》以蘊含了或高亢激昂或哀婉悲痛的歷史現場，以對古往今來無數先賢英烈的思想、事蹟和他們事業成就的鮮活呈現，於協助讀者不斷豐富歷史視域和深度思考的同時，不斷獲得人生啟迪和現實思考、並從中汲取力量，豐富精神世界，在實現自我人生價值和彰顯時代精神的大道上，毅勇精進，不斷提升。

【導讀】

王維，字摩詰，盛唐時期著名詩人，河東蒲州猗氏縣（今山西運城臨猗）人，祖籍太原祁縣，晚年官尚書右丞，世稱「王右丞」。

王維很小便工詩善畫，博學多才，相傳九歲便屬辭作詩，十五歲時離鄉赴京求取功名，二十一歲進士及第。在長安的那些年，王維一直是貴戚王侯的座上客，交遊十分廣泛。

作為盛唐山水詩的巨擘，王維上承大、小謝（謝靈運、謝脁），下開韋、柳（韋應物、柳宗元），與孟浩然合稱王孟。王維工於音律，詩畫雙絕，開青綠山水之先。蘇軾評價王維說：「味摩詰之詩，詩中有畫；觀摩詰之畫，畫中有詩。」因其深厚的繪畫底蘊，王維山水詩中的設色、構圖頗為講究，寓情於景，渾融自然，不著痕跡，如〈終南山〉、〈終南別業〉、〈漢江臨眺〉等山水詩，「不著一字，盡得風流」。

王維年少及第，官太樂丞，因「舞黃獅子」之禍而外放濟州，一生際遇跌宕起伏，曾出使塞外，也曾入嶺南知南選。在人生的後半段，經歷了張九齡罷相、長安陷落等打擊之後，王維出世之心日盛，於藍田輞川別業半官半隱，隱居之作、出世之氣愈濃，往往透露出靜照獨往、清空寂滅之感。

王維是唐代成就最高的詩人之一，也是盛唐山水田園詩人的代表，有著極高的詩歌藝術成就，開創了山水詩情景交融、自然寫意的審美意趣，在中國詩歌史上留下了不可忽視的一筆。

目錄

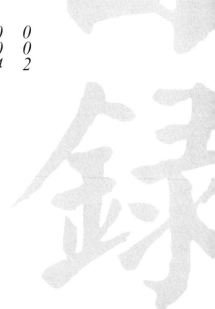

初入長安

旭日初升，金色的陽光照耀著長安城的一片繁華。

十五歲的少年王維背著行囊，帶著對長安的無限嚮往，對未來的美好憧憬，朝氣十足地踏進了長安城正東的春明門。

穿過春明門一路行去，便能看到興慶宮的宮牆，這一片建築巍峨迤邐，氣勢磅礴，展現著唐王朝的恢弘氣度。

王維心中帶著強烈的讚歎與感慨之情，沿著興慶宮的宮牆往下走，不多時便到了長安城的東市。

王維從東市北門而入，已到了開市的時候，霎時間鼓聲咚咚，足足敲了三百下，東市的各商行、店家漸次熱鬧起來。

走進東市，大唐盛世景象便在少年王維的眼前，彷彿一幅畫徐徐展開。

東市之內，沿街的肉行、麩行門口人來人往，絡繹不絕，金銀行裏陳列著大唐各地乃至波斯、大食的奇珍異寶，絲帛行裏的沙羅、披帛、半臂錦華美豔麗，湯餅店裏的索餅、不托散發出誘人的香氣，東北角的放生池裏，游魚穿梭於水中。

少年王維走在這繁華熱鬧的街市上，看著什麼都覺得新奇，不由得四處張望，滿是少年意氣，充滿好奇心的王維，注意力很快被一家門庭相對冷落的書肆吸引。

書肆裏安靜清雅，一進入其內，便立刻與外面的熱鬧隔絕開來，一卷卷書籍引得王維駐足而觀。

書肆裏人不多，觀書之際，身邊一個身著白色糯衫的青年，引起了王維的注意，二人便因著眼前的一部《文選》，攀談起來。

交談之下，王維得知青年名喚綦毋潛，字孝通，虔州（今江西贛州）人，來到長安城是為了參加科考。

綦毋潛得知王維自少年時起便喜愛賦詩，於是想要一觀王維詩作。王維謙遜地推辭了一番，拗不過，從懷裏拿出一張薄箋遞與綦毋潛，上面寫著自己新作的五律〈過始皇墓〉。綦毋潛見了這首詩，忍不住吟詠諷誦，讚歎不絕。

「『星辰七曜隔，河漢九泉開』，這樣大開大闔之筆，如星落九天，君之詩才，實在高絕！」綦毋潛言語之間，盡是讚歎之情。

王維謙遜地笑道：「維入長安時，路過始皇墓，見古墓蒼松，想著英偉如始皇，一統天下，如今也只剩下了一抔黃土，不禁生出一些感慨，一時興至之作而已，綦毋兄謬讚了！」

綦毋潛見王維年少才高，卻沒有驕矜之態，意氣相投，遂引為知己。二人一起離開書肆，到附近的酒肆邊飲邊談。

綦毋潛斟了一杯蝦蟆陵的郎官清遞給王維，道：「嚐嚐，這郎官清是長安城有名的好酒，滋味醇厚。」

王維喝了一口，不由讚道：「果然是好酒！」

綦毋潛笑了笑，又給王維添了些酒，然後問道：「摩詰（王維的字）此來長安城，有何打算？」

「尚未有所籌謀，維尚且年少，如今離家，只想著見識下長安的詩禮繁華罷了。」

王維的眼中閃動著少年人才有的光芒。

綦毋潛點點頭，笑道：「那摩詰現下到了長安城，覺得如何？」

王維端著酒杯，輕輕晃著，遙看著酒肆外人頭攢動的街市，道：「天子之都，皇皇帝京，大唐風物，會聚在此，左太沖（左思）所言『皓天舒白日，靈景耀神州』，便是如此了吧。」

「這長安城，不光風物繁華，也是風雲際會的地方，摩詰如許高才，必定能夠得到士人之識，即使平交王侯，也不是沒有可能。」綦毋潛說得興起，滿飲一杯郎官清，頗有期許的意思。

王維搖搖頭道：「維不過蒲州布衣而已，能遇到綦毋兄這樣的朋友，便已是維的幸運了！」

「能遇到摩詰，也是潛的幸運！」綦毋潛不禁大笑，邊說邊飲下一杯酒，「不過，我不會看錯，以摩詰的高才，很快便會名滿京城！」

王維笑著推辭，不敢承綦毋潛的讚譽。兩人又談了些漢魏晉宋、丹青宮商之類，酒逢知己，分外投契。

從酒肆出來，喝得志得意滿，二人便結伴而行，穿街過巷，從喧鬧的東市穿過，出了東市西門，走到了觥籌交錯、宴飲昇平的平康坊，坊裏酒氣飄飄，絲竹之聲不絕於耳。

穿過平康坊，一路往南，便到了崇賢坊。在綦毋潛的安排之下，王維暫時落腳在崇賢坊的邸店裏。

一轉眼便是三四年光景，王維獨在長安，憑著詩才，果然如綦毋潛所說，結識了不少朋友，其中甚至有不少王侯貴胄，如岐王李範、寧王李憲等都對王維十分禮遇。

然而朋友雖多，繁華雖盛，孤身在長安闖蕩的王維也會生出「獨在異鄉為異客，每逢佳節倍思親」的感慨，直到弟弟王縉也來到長安。

「夏卿！」再次見到弟弟，王維的內心充滿激動之情，一杯郎官清，早已不是初到長安時的少年滋味，而是漂泊日久、重逢之時的深情。

「阿兄！長安城果然繁華，咱們兄弟在此一起闖出一片天地來！」王縉乾了杯中的酒，兄弟二人相視而笑。

〈鬱輪袍〉曲

初春的長安城乍暖還寒，柳見新綠，曲江池畔行人如織。寬闊筆直的朱雀大街貫穿南北，分列兩側的東、西兩市一派繁華，沿街商鋪林立，會集了大唐以及西域各地的珍奇。

西市的酒肆裏，胡姬臨街迎客，三勒漿的酒香滿溢而出，絲帛行、衣肆裏各色袍衫羅裙琳琅滿目，各種雜耍、戲法引得眾人圍觀；東市的饆饠肆裏，剛剛出爐的櫻桃饆饠、蟹黃饆饠散發著誘人的香味，街邊的胡餅攤上，焦黃的胡餅也冒著騰騰熱氣。

王維身著素淨的白襴袍衫，頭戴幅巾，與王縉在東市緩步而行，他們邊走邊看，心下讚歎著長安城的繁華盛景。

「兄長，府試將近，我聽聞參試的舉子大都找了推薦人，咱們也沒個門路，這可如何是好？」王縉邊走邊擔憂地問道。

王維氣定神閒地走著，看著大街上的新奇玩意，毫無愁意。

「想要出人頭地，靠的是真才實學，其餘的事，又何必擔憂？」說著，王維被前面的一家筆行吸引，快步上前，駐足觀賞精美的雞距筆。

「可是，我昨日聽聞，咱們隔壁的那個張九皋，論才學，遠不如兄長，但已經打通了關係。」王縉追上前去，繼續分說。

王維擺弄著雞距筆，愛不釋手，對於王縉所說的話，依然沒有太大反應：「科舉取士，選拔人才，以才學為準，子曰：『不義而富且貴，於我如浮雲。』再說，道聽塗說，未必是真。」

「兄長的才學自然不虛，但是若有主薦的人，會更加穩妥。若是因為沒人推薦，埋沒兄長你一身才學，不能一展抱負，為國分憂，這豈不是天大的遺憾？」

這次，王維沒有立刻作聲，而是沉思起來。王縉見兄長有所觸動，拿過王維手中的雞距筆，接著說道：「就比如這雞距筆，要在這長安城的名店裏，才能有人賞識，揮毫文字，成就功業。它原就是上好的筆，未曾以次充好。」王縉頓了頓，摸摸下巴，「只不過……」

「只不過什麼？」王維聽得心下動容，追問道。

「只不過我們無親眷故舊，就是想要自薦，又往哪裏找門路呢？」王縉說道。

王維淡定自若，胸有成竹地道：「夏卿你此話說得倒是在理，行卷靠的也是真才實學，既是靠本事，又何需有親眷故舊？」

王縉面露喜色，道：「兄長這是有了主意？」

王維笑而不語，出了店門繼續向前走，王縉也匆忙放下雞距筆，跟了上去。

東市的行人愈來愈多，叫賣聲不絕於耳，愈發熱鬧了，魚行的夥計剛運到幾大簍子活蹦亂跳的時鮮河魚，生鐵行那邊紅星迸濺。王維與王縉兄弟二人在愈發密集的人群中穿行，步伐反而輕快了許多。

穿過東市一路向北，二人便到了毗鄰皇城的安興坊。到了安興坊，行人漸漸少了，安興坊南門以東，座落著一片宅邸，朱紅色的大門上一對大環鈕，上面鑲著一對金獸，大門外放置著紅色的行馬，阻擋行人通過，非常氣派。

「岐王宅？兄長是想干謁岐王？」王縉猜測著，王維卻依然只是笑著，不置可否。

王維兄弟二人經門房通報，在府裏管事的帶領之下，穿過前院，到達主院，進入主人家的書房之中。

岐王李範見到王維兄弟二人十分高興，放下書卷，引著二人到几案前，僮僕上了新採的紫陽茶。

王維兄弟二人恭敬行禮道：「維兄弟二人蒙殿下青睞照顧，心下甚是感激。」

岐王對王維也是頗為殷切禮待，說道：「摩詰此話豈不見外？說來，我近日讀你的〈李陵詠〉，果真是慷慨之音，頗有漢魏高古之意啊！」

此時茶釜中的水已初沸，魚目般的細小水泡在茶釜中微微泛起，侍者取了些茶鹽細細撒入茶湯之中。

「殿下過譽了，維追摹晉宋尚未敢說有得，豈敢竊比漢魏。」王維十分謙遜，令岐王愈加欣賞。

「摩詰也忒謙虛，你的〈桃源行〉就頗有些靖節先生（陶淵明）的風致，難得，實在難得啊！」岐王臉上的肯定之情愈發明顯。

王縉見這二人談論起了詩作，唯恐耽擱了正事，上前道：「岐王殿下既然如此欣賞我家兄長的詩作，不知過幾日……」

王縉的話還沒有說完，岐王就心領神會地笑了，但是並不去接王縉的話，反而拿著書箋問王維：「好一句『深衷欲有報，投軀未能死。引領望子卿，非君誰相理』，看來摩詰也有報國之懷，但不知誰是摩詰眼中相知的蘇武？」

王維淡然一笑，深深一揖，道：「維不過是為古人歎息罷了。」

岐王笑道：「李少卿（李陵）尚有太史公為其仗義執言，也需蘇子卿（蘇武）與他相知以慰，何況是卿？府試將近，摩詰可有打算？」

王縉聽到岐王此語正中下懷，道：「殿下所言甚是，我和兄長正是為此而來！」

王維不禁小聲提醒王縉，叫他不要多言。

岐王卻完全不以為意，爽朗地笑道：「夏卿果然直爽，不過我做這個主薦人還是少些分量，做個引見倒還行，保證為摩詰找一個合適的主薦人！」

王縉好奇地問道：「殿下說的這個主薦人是誰？竟然比殿下的分量還重？」

水已二沸，茶釜邊緣如湧泉般騰起跳躍的水泡，侍者小心翼翼地盛出了一瓢沸水，隨即用專用的竹在釜中輕輕攪動，又投入些許茶末，茶釜中瞬間漾起湯花。侍者將茶釜中的茶湯分入茶盞之中，分送與三人。

岐王接過茶盞，神祕地笑笑：「到時候你們便知道了。今日回去，摩詰可預備下平日的十篇詩文，到時還需摩詰聽我的安排才好。」王維也接過侍者遞來的茶盞，行禮道：「但憑殿下安排。」

王維回到住處，便伏在案前，梳理平日詩作。草蟲啁啾，月光灑在屋子裏的几案、繩床上，也灑在毫無倦意、依然沉浸於詩文的王維身上。

五日後的夜晚，彤雲影深，月上飛霜，玉真公主的別館裏熱鬧非常，一隊隊樂者伶人手執樂器裝扮著，在別館內穿梭往來，一陣陣絲竹之聲在院落中裊裊飄散。

別館的中堂裏，燈燭高張，賓客滿堂。几案上擺著各種精緻的宮廷食饌，紅綾餤、月兒羹、玉露團、水晶龍鳳糕、鹿肉煎酪，令人垂涎欲滴。博山爐裏的兜婁香帶來些許異域風情，卻寒簾在婉轉的樂聲中輕輕搖動，簾後的六合屏上，卻依稀映著當今皇帝李隆基的妹妹玉真公主的倩影。

幾曲下來，公主有些意興闌珊，宮廷樂師的技藝無可指摘，但演奏的每每是些聽厭了的曲調。夜色漸深，玉真公主聽得倦了，起身便要離開。

正在公主轉身之際，一聲琵琶錚然響起，公主立即停下了腳步。四座皆靜，似乎都在靜靜聆聽，緊接著，琵琶轉了個調，宛轉悠揚，猶如輕語低訴，直通人心。

玉真公主就靜靜地站在那裏，閉目凝神，細細聽來，嘴角揚起會心的微笑，彷彿隨著琵琶之音，時而身在雲霄之上，時而潛入靜水之淵。琵琶聲轉，如珠落玉碎，如水流風過，一時風急雨密，俄而風住雨停。

一曲終了，公主由衷地讚歎了一聲，拍了拍手，緩步走出屏風之外。只見玉真公主長身玉立，身著繡金襦衫，長裙曳地，肩上搭著緋羅蹙金飛鳳背子，腳著翹頭高履。明亮的燈燭照耀之下，公主頭上的步搖、珠翠在長樂髻上閃著微光，長安最時興的桃花妝襯得公主容光動人，一對卻月眉斜插雲鬢，兩道斜紅愈顯華美。

「這曲子，卻是從來沒有聽過的。」公主看著面前拿著琵琶、伶人打扮的儒雅青年，問道，「這是你新度的曲嗎？倒是別致動人。」

青年從容大方，風姿俊秀，沒有一點侷促，行禮回道：「公主果然是知音之人，此曲名曰〈鬱輪袍〉，乃是不才剛度的新曲。」

玉真公主奇道：「你是哪家的樂工，我怎麼不曾見過？此曲天然婉轉，豈會是無名之輩所為？」

岐王此時從席間站起，走到玉真公主身邊道：「怎會無名，這位可是長安新晉的詩才王維王摩詰。」

玉真公主聽聞，忍不住一聲驚歎：「『春窗曙滅九微火，九微片片飛花璅』，如此妙句，我前些日子還時常涵泳，直覺妙不勝言，原來竟乃君之所作！」

王維放下琵琶，謙遜道：「雕蟲篆刻之工，不足道哉。」

岐王笑笑，帶著幾分戲謔，對玉真公主道：「我們這位大詩家的『雕蟲』之作，還帶了十數篇來，都是還未見世的新作！」

玉真公主立時來了興致。她叫左右伶人繼續奏樂起舞，賓客繼續飲宴，自己卻叫人帶著王維換了士人襦衫，轉到中堂旁的清淨之室，接過王維帶來的十數篇詩稿，認真地賞讀起來。

「如此清詞妙句，你如何拈來！」玉真公主看著王維的新詩手稿，愛不釋手。

岐王見時機已到，便對玉真公主道：「摩詰如此俊才，如若埋沒不聞，豈非大唐的損失？他如今要去參加府試，卻缺一主薦之人，持盈（玉真公主的號）可有憐才之意？」

玉真公主的目光還在王維的詩稿之上流轉，眼神中透露出難以遮掩的喜悅，說著話，眼睛卻仍不離詩稿，說道：「那是自然，這樣的高才，縱然沒有你我，也必然會高中。只恐怕有人埋沒良才，我便做這個主薦之人，才能心安！」

王維聽得玉真公主的話，心下動容，道：「維一定不負此番看重，當傾盡所學，一展抱負，以報殿下與公主的知遇之恩。」

夜深月落，筵席散盡，餘音卻經久未散，寂靜的庭院之中，彷彿還迴蕩著王維動人的琵琶聲。

太樂之音

與玉真公主會面後不久，府試開科，王維以一篇〈賦得清如玉壺冰〉深得主考官讚賞，一舉拔得頭籌，同時也因為一曲〈鬱輪袍〉，名動長安城。王維還來不及欣喜，便已轉頭準備起接下來的進士科考試。

王維科考順利，可好友綦毋潛卻黯然落第，無奈之下，只得落寞離開長安。

黃昏的長安城，暗紅的雲壓在天邊，微微帶著些夜幕降臨前的紫色。

王維與綦毋潛在灞橋驛置酒對飲，二人對坐，就像在長安城初相見時一樣，只不過那個時候，兩個年輕人臉上都帶著躊躇滿志的意氣，滿懷對未來的期冀和希望，而此刻，兩個人臉上卻是離別的傷感。

「是離開的時候了。」綦毋潛落寞地斟了一杯西市腔，無奈地笑笑。他飲下杯中之酒，臉上浮現出苦澀的神情。

王維的神色也並不輕鬆，他端起酒盞陪了一杯，道：「綦毋兄才思敏捷，志在高遠，不過一時潛龍在淵，日後定會有一番作為的。」

綦毋潛笑了笑，收起苦澀，道：「不錯，來，我再敬你一杯，希望再見時，你我都能有所作為。摩詰你府試奪魁，乘勝而往，明年的科考也定然沒有問題，祝一切順遂！」說完便仰頭乾了杯中之酒，頗有些豪邁之氣。

「今日一別，盼能早日與君再相聚。維也祝綦毋兄一切順遂！」王維也滿飲杯中酒，眼中是難以掩飾的離愁別緒。

二人上了驛路，王維戀戀不捨，送出了很久。

「回去吧，再晚就該趕上宵禁了，咱們必定會有再見之時的！」綦毋潛笑著衝王維揮揮手，下定了決心，轉頭就走，唯恐略一遲緩，就再也難以離開。

王維佇立良久，望著好友離開的背影，看著河水悠悠，吟道：「置酒臨長道，同心與我違。行當浮桂棹，未幾拂荊扉。遠樹帶行客，孤村當落暉。吾謀適不用，勿謂知音稀。」

送別了綦毋潛，王維頗有些傷懷，但是科考將近，也只得收拾心情，帶著朋友的希冀和自己的理想，繼續晝夜讀書，準備應考。

第二年，王維不負期望，進士及第，授官為太樂丞。

清晨的長安城別有一種風致，東西兩市都還沒有開市，街上行人尚少。王縉同王維一起走在寬闊的朱雀大街上，清風徐來，耳旁鳥鳴啁啾。

「阿兄進士及第，我替你歡喜，不過這太樂署的太樂丞還是太清閒了些。」王縉心直口快，替兄長王維鳴不平。

王維卻是帶著心滿意足的笑容，道：「音樂與人心治亂息息相關，聖人繼位以來便對此道極為重視，為兄能任此職，正是心之所向。」

「阿兄你倒是想得開，不過說來也是，按照慣例，一般舉子進士及第，要守選三年，方能授官，阿兄能即刻上任，倒是值得慶賀！」王縉的神色也歡喜了許多，笑著道。

王維搖搖頭道：「聖人如此信任，更需小心謹慎了。」

說話間，二人已經沿著朱雀大街走到了朱雀門附近，過了朱雀門便是皇城範圍，太常寺、鴻臚寺、太廟和大社便在朱雀門內，王縉不便一同進入，便與王維道了別，離開了。

王維入得太樂署，太樂令劉貺早已身著官服，在官署等候，八名樂正與八名典事在旁邊列隊，眾樂工各執絲竹管弦，迎候王維上任。

王維在雅正的樂聲中，依禮參拜太樂署最高長官太樂令劉貺，並隨即見過一眾同僚。

「維初入太樂署，初出茅廬，尚有諸多不明之處，望太樂令及各位同僚不吝指教。」王維向眾人行禮，恭敬地說道。

劉貺扶住王維，友善地笑了笑，道：「摩詰精通音律，我等都早有耳聞，如今進士高中，真乃俊才，我太樂署得摩詰這樣的高才，乃是幸事。日後太樂署的大小事情，你我需勠力同心才是。」

「維自當傾盡全力，不敢有所懈怠。」王維正色回應。劉貺滿意地笑笑，點點頭。隨後眾人各歸其位，王維也開始了在太樂署的工作。

王維本就精通音律，在太樂署正能發揮所長。他日日沉浸在太樂之音中，度曲，辨曲，為唐王朝的雅樂傳承盡獻其力，在音樂上的才能也愈發顯現。

這天正值休沐之日，王維正在家中度曲，一位文士忽然來訪。王維為人隨和好客，在長安城內也是遍交友朋，見有人來訪，便熱情地將對方迎了進來。

文士向王維唱喏之後，小心翼翼地拿出來一幅《按樂圖》，紙張有些泛黃破損，上面的曲子已難以辨識。文士解釋道，因王維身居太樂丞之職，在音樂上的造詣人盡皆知，因此特來向王維請教。

王維聽得原委，小心地將卷子接了過來，仔細端詳，細看揣摩之下，臉上忽地浮現出了些許驚詫的神色，之後又轉而為喜。

「此物，閣下從何得來？」王維努力克制著，聲音裏卻依然透出明顯的興奮。

文士看著王維的反應，有些納悶，訥訥地回道：「此乃無意間所得之物，但看著有些玄機，卻無人能勘破，您看如何？」

王維的目光久久地停留在卷子上，說道：「此圖所載的樂曲，正是〈霓裳羽衣曲〉第三疊的初拍！」

文士聽聞此言，慌忙搖頭道：「這不過是無意間所得，怎會是〈霓裳〉之曲？」

王維見他不信，奉了一碗茶湯，自己回房取來了琵琶，調好了弦，便按著《按樂圖》

上的曲譜錚錚地彈了起來。

琵琶聲起，如仙樂風飄，泠泠入心，聽著彷彿上了九天雲霄，飄飄然不似人間。文士聽得心醉不已，琵琶聲停了，仍恍如身墜夢中，良久才回過神來。他緩緩起身，向著王維深深一揖。

「世人都說太樂丞的音樂通神，某還不敢輕信，以為世人誇大其詞，今日聽到您的琵琶之音，果真是仙樂啊！」文士的臉上兀自一副難以置信的表情，顯然還沒有完全從方才的樂聲中緩過神來。

王維笑道：「不是維的功勞，都是因為圖上所載的〈霓裳〉曲精妙之極！」

「如此說來，這真的是〈霓裳〉曲第三疊初拍？」文士將信將疑，直到王維反覆和他確認，才敢相信，心悅誠服地離開。

從此，王維的音樂才能更加廣為人知。他不僅精通雅樂，更可以自度曲調，加上見識廣博，一時間人人稱道，太樂令及諸樂工也對王維推崇備至。

王維與諸王交好，其中玄宗的兄長寧王李憲尤其對王維另眼相待，時常邀請王維到府上做客，作詩品樂，頗為禮待。

這天，寧王又邀請王維到府上參加宴飲。王府的中堂之上，長几旁坐著眾賓客，几案上擺著八仙盤、羊皮花絲、過門香等各種精緻的食饌，筵席上還有伶人奏樂助興。

寧王坐在主位，旁邊坐著一位美麗的婦人。

婦人身著紫色長裙，肩上搭著披帛，簡單挽了個側髻，蛾眉淡掃，略施粉黛，卻別有一種自然風韻，清麗動人。令人詫異的是，她的眼睛裏總是似有若無地流露出幾絲憂傷。

寧王瞥見婦人的神情，有些不悅，對著眾賓客便道：「左近糕餅店有個餅師，手藝極高，什麼千里碎香餅、雲頭對爐餅都做得極為精緻可口。諸位現下所食糕餅便出自其手，想不想見見他？」

在座諸人原本對餅師並沒有興趣，但是寧王既然這樣問了，又不敢掃興，便紛紛應和，表示很想見一見餅師本人。隨著眾人的附和，婦人的神色愈發緊張了。

寧王藉著眾人的附和，將餅師召了進來。餅師進得中堂，便向著寧王下跪行禮，但始終低著眉眼，不敢抬頭，然而寧王身邊的那位美婦人，眼光卻一直情不自禁地在餅師的身上流轉。

寧王壓制著心中憤懣，問婦人道：「你如此目光不離，可是還想著他？」婦人似乎也沒有料到寧王竟會這樣直接問詢，身子微微一震，默默無語，卻悄然落下淚來。看到這副情景，滿座淒然。

諸客大多猜出了情由。原來這美貌婦人竟然是那位餅師的妻子，卻被寧王以權勢奪了過來，如今夫妻二人在宴席上相見，一個坐在寧王身邊，一個跪在中堂之上。眾人雖然動容唏嘘，卻也不敢多說什麼。

寧王見眾人都默不作聲，心思又是一轉，便教人上了筆墨紙硯，命在座諸客就此情景，各賦詩一首，實則是想看看眾人對此事的看法。

諸客自然也都明白寧王的用意，同情者有之，淒惻者有之，但大家都不敢明言，面對著紙筆，遲遲未動，或是塗塗抹抹，或是假意修改，卻沒人敢獻上詩作。

而王維秉筆，頃刻間便寫成一首，第一個遞交給了寧王。

不等寧王將詩讀完，王維便兀自起身，吟誦起來：「莫以今時寵，能忘舊日恩。看花滿眼淚，不共楚王言。」

王維這首詩用了一個典故。春秋時，楚國滅了息國，楚王搶奪了息國君主的妻子息夫人。息夫人為楚王生了兩個兒子，卻從來不和楚王說一句話。楚王問她原因，息夫人說：「我一個女子，伺候兩個丈夫，雖不能去死，可又有什麼話可說。」

王維此詩直言不諱，頗為大膽，一經吟出，四座譁然，議論紛紛。餅師的妻子看著王維，淚眼中帶著感激的笑意。

寧王勃然大怒，拍案而起，道：「豈有此理，你竟敢諷刺本王！」

王維毫無懼色，不卑不亢地回道：「殿下息怒，維不過是秉筆直言。維相信殿下既令諸客暢所欲言，便願聽盡忠之言。維見殿下之失，若不敢直言，才是陷殿下於不義。殿下睿智，定不會責怪維忠言直諫。」

寧王的神色有所緩和，他正了正身子，又瞟了一眼身邊的婦人，語氣也稍稍柔和了一些，命王維繼續講。

王維行禮，繼續道：「維也相信，殿下既有如此胸襟讓餅師夫婦二人在此相聚，定是有意成全。餅師的妻子若全不念故人之恩，那麼她的品德不堪侍奉殿下左右；但如果她心念故人，便是無心於殿下。無論無德或是無心，殿下都沒必要留在身邊，不如尊重她的意願。」

「巧舌如簧，你如此說，無非是想讓我成全他二人罷了。」寧王還在強撐，語氣卻已經有了鬆動。

「成人之美，君子之德，殿下有這樣的胸襟，定會傳為美談，捨一無用之人，而得一千古美名，何樂而不為呢？」王維侃侃而談，沒有絲毫懼意，餅師與婦人都暗自投來感激的目光。

寧王聽到此處，忽然哈哈大笑：「好個王摩詰，我平日只知道你是詩畫雙絕，音律通神，沒想到竟然還是個辯才。你話已至此，我如果還不應允，豈不是不通情理。」

王維見寧王鬆了口，微微一笑，不疾不徐地提醒餅師與婦人：「二位還不謝過殿下的成全之義。」

餅師與婦人這才反應過來，齊齊叩謝寧王之恩，如此這般，寧王便再也無法反悔。寧王心裏知道王維狡黠之處，卻也無可奈何，再加上平日裏素來與王維友善，今日又見他這樣機敏，心裏也頗為惜才，便不再計較。

「罷了罷了，你二人莫要謝我，要謝便謝太樂丞吧。」說罷，寧王便佯裝不適，離了中堂而去。

寧王離開，眾賓客方敢開口，紛紛稱讚王維勇決，餅師更是攜著妻子向王維行下大禮，感激不已。王維扶起二人，也笑著離開了。

「舞黃獅子」之禍

時光流轉，王維任太樂丞已將近一年，太樂署的事務已經駕輕就熟，他在音樂方面的造詣，人品的高潔，眾人有口皆碑。

然而，就在王維在太樂署兢兢業業做著分內之職的時候，平靜的生活卻忽然起了變故。

這天，王維正在家中藥欄旁閉目靜坐，忽然來了一隊官員，不請而入，直接進了院中。

王縉十分警惕，見狀便迎了上去，眼神中充滿戒備。而王維卻似乎心中已有所預料，他緩緩地睜開眼睛，走到幾位官員面前，十分客氣地道：「可否容維稍作收拾，便隨諸位走，絕不會讓諸位為難。」

為首的官員倒是通情達理，聽王維這樣說，便也點點頭。王維轉身進到屋中，王縉見狀也跟了進去，焦急而不解地問道：「阿兄，外面這些人……到底是怎麼回事？」

王維一邊收拾隨身物品，一邊平靜地說道：「我也不確定，但恐怕與岐王昨日在太樂署觀看舞獅之事有關。」

「舞獅？這又如何？這不是太樂署常有的事嗎？」王縉一臉茫然，完全摸不著頭腦。

王維收拾停當，一邊向門外走去，一邊歎息著道：「此事一時半刻也說不清楚，但是此次恐怕難以善了。」

「竟如此嚴重？」王縉一臉不可置信，跟著兄長走了出去，但看王維心中有數，也不好再強行阻攔，只得囑照了幾句，便看著王維與幾位官員一同離開。

王維走後，王縉感到此事非同小可，既然如此，唯有先往岐王處探聽明白，才好做打算。於是王縉備了名刺，動身趕往興化坊岐王李範宅上。

穿街過坊，一路疾行，不多時，王縉便已趕到了岐王宅前，氣喘吁吁地將名刺遞與門房。王維、王縉兩兄弟與岐王素來交好，是岐王府的座上客，門房自然也識得王縉，見他這樣焦急，便收了名刺引著他穿堂過院，一路到了岐王的書房。

岐王正在書房裏喝茶，一旁的几案上，茶鐺裏兀自冒著熱氣，茶香氤氳。

岐王臉上兀自帶著些紅暈，見到王縉進來，神色有些慌張，試探著問道：「夏卿，你一早便來我府上，可是……出了什麼事情？」

王縉沒有注意到岐王的神色，急急地說道：「岐王殿下，方才我兄長被人請了去，兄長臨走時似乎提到了舞獅之事，不知殿下您是否知情，若是知情，還請您務必想想辦法才是啊！」

「竟然……這麼快！」岐王一臉懊悔，臉上的紅暈愈發明顯起來。

王縉見岐王的樣子，似乎剛剛醒酒，便問道：「殿下您昨晚醉了酒？」

「正是，這禍事便由此而來了！」岐王一臉懊惱，右手扶額，一臉悔不當初的痛苦神色，然後稍稍平復了下，引著王縉在几案前落座。

王縉卻沒有心思坐下，著急地問道：「此事耽擱不得，到底是什麼禍事，請殿下說個明白才是！」

「夏卿你先聽我說，再做打算。」說罷岐王著人給王縉倒了杯新煎的茶湯，將昨天的事說與王縉。

原來，前一天晚上，太樂署正在排演興慶宮的宴饗之樂。岐王因素來與王維交好，又雅好音樂，自從王維任職太樂丞以來，時常來太樂署看樂工排演。這一天他又來觀看。因為是常客，大家也沒有在意，向岐王行禮問好後，便繼續排演。

月已初上，疏星數點，太樂署的排演處雅樂飄飄，迴盪不絕，一派皇家氣象。岐王坐在席上，神色間卻有些異常，眉毛漸漸愈皺愈深。

「停！」岐王突然出聲，樂聲戛然而止。

太樂令劉貺見狀慌忙上前，恭敬地行了個禮，詢問道：「殿下，不知下官等所奏之樂，有何不妥之處，還請殿下指點！」

岐王的臉上有些微紅，聲音高亢地道：「這等音樂，太過寡淡，無趣，真是無趣！」

「這……殿下，這是太樂署專門為雅宴排演的音樂，雅樂之音，自然是如此，但此曲高妙，乃是摩詰親自度曲。」劉貺不敢直接反駁岐王的話，因為向來知道岐王與王維私交甚好，所以這樣說。

岐王卻似渾然不懂他的意思，繼續開口：「無趣便是無趣，無論是誰度的曲，也是無趣，本王不要聽這樣的曲子！」

王維見岐王全然不像平日，又聽他說話間帶著明顯的醉意，便上前悄聲在他耳邊道：「殿下，您醉了。」

「本王沒醉，本王不過是晚膳時小酌了一杯，清醒得很！」岐王的語氣更不正常了。

但眾人畢竟不敢得罪一位親王，劉貺見岐王如此，看了王維一眼，又繼續恭敬地問道：「敢問殿下想聽什麼曲子？」

岐王眉眼間的醉意愈發地濃了，笑了笑，高聲道：「這便對了！不過曲子聽得多了，無論哪般都無趣，本王想看舞獅！快，教人安排起來！」

劉貺與王維，以及身邊的幾位樂正、典事交換了下眼色，互相點點頭，最終吩咐下去，讓太樂署的伶人尋來舞獅的道具和服裝。岐王的要求，太樂署的這些官員實在不敢違抗。

伶人裝扮好了，隨即鼓點響起，四位舞獅伶人頂著獅子在臺上亮了個相，便開始隨著鼓點上下翻飛，交錯舞動，眾樂工也配合著舞獅，演奏起了歡快的曲子，一時間，太樂署的排演臺上一派熱鬧。

岐王這才心滿意足地大笑起來，拍著手不住地叫好，甚至隨著曲子打起了拍子。獅子舞到最高潮處，岐王卻眉毛一皺，又突然叫了停。

「這獅子甚是看不慣眼，是了！這獅子顏色不對，獅子該是黃色才是，你們這是哄弄本王，本王要看舞黃獅子！」這話一出，在場的人不禁駭然，個個面面相覷，嚇得幾乎說不出話來。

劉晛嚇得當場便跪，大聲疾呼道：「殿下，這可使不得，使不得啊！黃獅子乃天子專屬，臣等不敢僭越！」

黃色是天子之色，縱然是皇親貴冑也不能使用，這是大忌。但是此刻岐王醉意朦朧，早把這些拋到腦後，聽劉晛這樣說，竟然猛地站起來，怒道：「你這小小的太樂令，竟然敢不聽本王之令，我不過是在私下裏叫你舞一舞罷了，又無旁人，劉晛小兒你是不是看本王不起！」

劉晛嚇得不輕，連連搖頭道：「不敢不敢！」

眾人也無法確定岐王究竟醉到何種程度，劉晛猶豫再三，又看了看一臉怒色的岐王，終於還是轉身對身旁的樂正道：「叫他們換了黃獅子來！」

樂正面露難色，正在猶豫，王維走過來，對劉晛道：「黃獅子乃是天子專享，雖是私下所為，但也有僭越之嫌。此事非同小可，一旦問罪下來，今日在場之人恐有性命之憂！」

王維說的道理，劉晛又豈能不知道，但他心存僥倖，覺得只要不走漏風聲，僭越之罪或可躲過，而現下若不聽岐王的命令，當下便無法交代過去，橫豎是獲罪，只得先顧眼前了。

「摩詰所說，我又怎會不知，但岐王如此堅持，你我微末小官又如何違逆得了？摩詰你平日裏雖與岐王交好，但畢竟身分有別，殿下之命，你我皆無可奈何啊！」說罷，劉貺一臉痛苦地向左右吩咐，伶人們只得又退下，換了黃色的獅子，再次登臺。

夜色已臨，天空中明月高懸，太樂署的排演臺上，燈燭高張，四位伶人身著黃獅子的服裝，在夜色中，燈燭照耀下，明晃晃地格外扎眼。

鼓點再次響起，四位伶人和著鼓點，騰挪翻轉，跳躍舞動，眾樂工也配合著伶人獅子舞的動作，奏起歡快的樂曲。

夜色漸深，酒意愈發不可收拾的岐王一臉興奮，對著這一場舞獅表演高聲叫好，而一旁的劉貺以及幾位樂正、典事都戰戰兢兢，一副大難臨頭的樣子，鼓點敲一下，他們的身體便跟著震一下。

王維身為太樂丞，終究是沒有攔阻的權力，但是在一旁看著這一切的他，心裏卻很明白，此事絕不會善了。

「殿下糊塗啊！」王縉聽了岐王的講述，忍不住站起身來，拍著腿不住地嘆息。

岐王也是一臉追悔莫及，說道：「本王也知道，此事是本王之失，犯了天子禁忌，闖了大禍，連累了摩詰！」

「僭越天子服色，這可是大罪！重者性命不保啊！殿下，這次我阿兄恐怕凶多吉少了！」王縉的擔憂之情溢於言表，岐王心下愧疚，也不計較他的失態，只是連連致歉。

「禍由本王引起，夏卿放心，本王這便入大明宮，與聖人說明此事！」岐王說著便起身，不敢絲毫耽擱，逕自往宮中去了。

王縉心下稍寬，心知自己此時貿然行事，反而會給兄長招來麻煩，所以也不敢擅自行動，只好耐住性子，回到家中，等待結果。

一等便是一整天，直等到月上中天，仍不見兄長歸來，王縉獨自一個人在前院來回踱步，望著大門，焦急不堪。

正在心焦如焚之際，大門忽地「吱呀」一聲打開了，王縉瞇著眼睛看去，藉著月光，看到了王維的身影。

「阿兄！」王縉喜不自勝，激動地快步上前，關切地問道：「舞黃獅子之事，如何了？」

「外放濟州，任司倉參軍。」王維神情複雜，說了這幾個字便走進了屋子。

王縉一臉擔憂地跟了上去，問道：「就這麼決定了？外放？岐王殿下不是與聖人分說此事了嗎？」

王維輕輕點頭，默默地開始收拾行裝，回道：「若不是岐王殿下，恐怕此事便不是外放可以解決的了。」

王縉心中也明白此事的嚴重性，也不再追問，只是嘆了口氣，問道：「那阿兄何時離京去濟州赴任？」

「便在這幾日了。濟州風光不錯，這樣說不定也是件好事。」王維的回答很簡單，他不想讓王縉擔心，故意說得雲淡風輕。

但是王縉知道離京意味著什麼，兄長這幾年在長安城的努力，在一夕之間，因為舞黃獅子之事，盡數付之東流。

「阿兄這些年的苦讀，以及這一年在太樂署的兢兢業業，便如此不作數了嗎？」王縉實在為兄長感到不平，無法抑制內心的憤懣，脫口而出。

王維微微一笑，卻也不禁露出一絲苦澀的神情：「微官易得罪，古來如此。從十五歲來長安城到如今，科考得中，授官太樂丞，一路順遂，已是朝廷眷顧之恩，而今也合該體味一下失意的滋味。」

王縉還想再說些什麼，但是他也知道，僭越之罪，能全身而退，已是法外開恩了，其他的再說也是於事無補，只會讓兄長更加傷感，所以也不再多說，只是默默無語。

數日之後的一個晌午，王維辭別了長安城中的故友，啟程趕赴濟州任上。王縉一路相送，直送到春明門。

出了春明門，王維不禁駐足，望著長安城的一片繁華，回想起初到長安城之時的躊躇滿志，心中百感交集。

幾年前的自己，帶著對未來的無限期冀，孤身一人來到這充滿了希望的長安城，那個時候，望著熙熙攘攘的人群，站在長安城熱鬧的街市中，有無限的少年豪情，心中也有無限憧憬。

後來，也是在這裏，送別了落第還鄉的綦毋潛，原本還盼望著在長安重聚，如今自己也不過任官一年便要離開。人生的際遇，雲聚雲散，時起時落，實在難以預測。

感慨了一番之後，王維揮手告別王縉，踏上了外任之路。

窮邊徇微祿

王維乘坐著馬車，離開長安城，向東出了潼關，再向東，便到了陝州。一路風塵僕僕，舟車勞頓，王維決定在陝州河北縣（今山西平陸）休整幾日。

接到外任的命令後，王維便忙著準備行裝，而後即是一路奔波，還未來得及仔細整理思緒。

辭別之情，官場蹭蹬之意，王維心中不是沒有，只是其中的滋味，也只有在深夜人靜之時，紛亂蕪雜地縈繞心間，卻無人訴說。到了河北縣，終於有了時間少作喘息，種種愁緒方才浮上心頭。

王維登上河北縣城樓，極目遠望，正是薄暮之時，落日餘暉映照著這座偏僻的小城，城裏住戶不多，稀稀落落，遠處的天空雲霧繚繞，夕陽從雲層中透出些許暖橘色的光。

王維站在樓頭，遠眺著孤城落日，往日長安城裏的一切，彷彿一場華麗的夢，歷歷在目，卻又那麼遙遠。夢碎成空，眼前唯有野樹村郭。

十數年苦讀，數年科考求仕之路，太樂署的盡職盡責，一夕獲罪，便瞬間隨風飄散，如夢如幻。幾天前還在長安城之中與友朋相敘，轉眼間便已身在遠途，孤身一人。王維心中升起一種莫名而強烈的不真實感，感嘆著人生的無常。

佇立遠眺間，天色愈來愈暗，一群飛鳥趁著最後一點夕陽殘照，呼啦一片飛向遠處，歸於林間。夕陽完全隱沒，暮色籠罩大地，岸邊的漁火星星點點，朦朦朧朧，連成一片。

王維望著眼前之景，心境更是孤寂，飛鳥漁人都有歸處，而自己卻只能一路輾轉，去到陌生的偏遠之地，遠離家鄉，也遠離漸漸熟悉起來的長安城，親朋不在，前路不明，想到這裏，他的心情也隨著暮色愈來愈沉。

此去濟州，水遠山長，心中雖然傷感，但路卻還要繼續走，王維輕息一聲，慨嘆了一番「寂寥天地暮，心與廣川閒」，便收拾心情，下了城樓，往宿處去了。

離開陝州河北縣之後，王維經由澠池過東都洛陽，而後到了鄭州（今河南滎陽、新鄭一帶），一路心情鬱鬱。

到了鄭州，王維借住在農家，見田父荷鋤而歸，村童在細雨之中牧牛放羊，一派恬靜的田園景象，內心稍稍得到了些許安慰。

又到黃昏，王維站在茅屋前，望著田園景色閒坐出神。外放以來，王維在羈旅行役的路上，偶有閒暇，就會這樣出神，僮僕看得實在擔憂，便忍不住上前詢問。

「您可是還在為外放的事情傷懷？」僮僕關切地問道。

王維搖搖頭道：「外放為官，已經是聖人寬宥了，沒什麼可傷懷的，只是思念夏卿與長安故友罷了。」

僮僕的心思沒有那麼多，天真地道：「說不定，咱們在濟州待不了多長時間，就又被召回去了，也未可知！」

王維笑而不答，他心裏知道，事情自然不會如僮僕所說，但也不願直接打破這個幻想，只是默默地轉過頭去，繼續看著附近的田野。仲夏的微風吹過，夏蟲聲聲，泥燕繞樑，倒也愜意，但王維腦海裏還是不斷浮現出在長安城與諸友相聚，歡飲唱和、秉燭夜遊的畫面。

「明當渡京水，昨晚猶金谷。此去欲何言，窮邊徇微祿。」長安已遠，未來更不可期，王維一聲長嘆。

翌日一早，天剛濛濛亮，王維與僮僕便已動身，趕到河邊，天色將曙，雲霞伴著疏星掛在天邊，一葉小舟停在岸旁。

王維與僮僕上了船，船家划動船槳，河水蕩起一圈圈波紋，船緩緩地向著滎陽去了。藉著晨光，站在船頭的王維低頭望著水面清波，偶爾抬頭看兩岸青山連連向後退去，心頭別是一種滋味。

水路行程緩慢，一路蜿蜒曲折，過了許多時日方才到滎澤。船近滎澤，水面漸窄，水上與岸邊都漸漸繁華熱鬧起來。

附近來往船隻頗多，許多漁人商賈在船上便做起了買賣，新鮮的河魚亂跳亂蹦，叫賣聲不絕於耳，十分熱鬧。

岸邊的村落裏傳來了雞鳴犬吠之聲，岸上人來人往，市井之氣漸濃。這裏不同於長安的繁華喧鬧，偏僻而安寧，頗有些世外桃源之感。

王維一路舟車勞頓，但見到這樣的景象，內心不覺暢快了不少，臉上的神情也輕鬆了許多。

任期將近，王維也不敢多做耽擱，少作歇息，便繼續由水路前行，船很快便到了汴州（今河南開封）。離開汴州，繼續向東，一路迤邐而行，終於到了貶所濟州（今山東東阿），一個偏遠的水鄉。王維到達時，已經到了深秋，落葉飄零，寒風蕭瑟。

王維稍作休整，便去拜見濟州刺史裴耀卿。裴耀卿也聽過王維的詩名畫藝，對王維十分禮遇。王維雖是因事獲罪外放，裴耀卿卻還是在官所安排了接待。

王維到官所依禮拜見：「維蒙聖人之恩，得任濟州司倉參軍，從今而後在您麾下，必當盡忠職守，不負恩祿。」

裴耀卿很是熱情，沒什麼架子，笑著扶起王維，拉到身前說道：「摩詰言重了，你的大名，我雖遠在這濟州邊地，卻也有所耳聞，只是難為摩詰高才，卻要在我這偏僻之地任職，只恐怠慢了你！」

王維聽裴耀卿如此說，心下不安，連連推辭道：「刺史如此說便是折煞維了。濟州風光秀麗，在您治下，四境皆安，民風淳樸，能在此任職，是維的幸運！」

裴耀卿哈哈大笑，連連搖頭。二人寒暄過後，王維便即赴司倉參軍任所報到，從此在濟州安頓了下來。

濟州司倉參軍之職頗為閒散。王維在任上盡心職守，不過著實沒什麼一展所長的機會，倒是濟州及周邊的山山水水，給了他許多創作靈感。王維在濟州很快結交了不少朋友。他與濟州當地的賢良之士如崔錄事、鄭公、霍公等往來，詩酒唱和，賦詩相贈。

王維受母親影響，從小便篤信佛教，此前一直努力仕進，而今獲罪外放，反而有了時間，可以參禪悟道。王維在濟州也常與僧道往來，酬唱不絕，濟州治下東阿縣有一座崇梵寺，王維時常到訪，與寺中僧人交談論道，攜手同遊。

濟州的山水滌蕩了王維內心不少痛苦，與濟州鄉賢僧侶的交往唱和，也沖淡了王維內心不少悲傷。王維在安排妥當之後還接來了家眷，但儘管如此，他的眉間依然常常帶著憂慮之色，心中的愁緒難以化解，只得寄情於濟州的山水之間，他在青山綠水之中，思慮著未來，懷念著多年未見的朋友。

日月流轉，轉眼間四個年頭過去了，在濟州的日子平靜而寂寥，波瀾不驚地過著，王維倒是也漸漸習慣了，但是對往日的唏噓、對舊友的思念依然時時縈繞心頭，揮之不去。

又是一年冬來。一場大雪，王維的院子便盡換銀裝，枝頭、屋頂都是一片潔白，冬日的早晨，陽光照進來，映在積雪之上，明晃晃的，讓人心裏也彷彿多了幾分明亮。

正在濟州家中研讀佛理的王維，忽聞有人叩門。原本以為是霍公、鄭公等好友前來尋他小聚，也不甚在意。一開門，見到來人，王維卻愣住了，立在原地，半晌才反應過來。

來人見王維這副模樣，笑了起來：「怎麼，這麼多年沒見，乍一見到我，嚇著了？

哈哈！」

此人名喚祖詠，家裏排行第三，身邊相熟的人便都喚他作祖三。祖詠是王維少時的至交好友，兩人相交近二十年，後來各自奔忙，便見得愈來愈少，王維身在貶所這四年，更是無緣相見。如今祖詠忽然來訪，王維的內心自然歡喜，但乍一見到，恍惚問彷若夢中。

王維猶自一臉怔忡，問道：「祖三？真是你嗎？」

祖詠笑得愈發開懷了，戲謔著道：「不是我，哪個還能來這窮鄉僻壤特地看你？」

「你，怎麼會跑到這裏來了？我前一陣子才聽夏卿說你剛中了進士。」

祖詠的臉被凍得有些紅，他拂了拂身上的雪，笑容卻十分溫暖，道：「你這消息倒是靈通，剛中了進士不假，這不就外放上任去了嗎。我一想，正好路過你這裏，便特地過來看看！」

王維也跟著笑起來，陽光照在他臉上，顯得格外燦爛：「咱們有多少年沒見了，有四年了吧？」

祖詠一邊往院子裏張望一邊道：「那可不，不過你確定不請我進去再說嗎？」

他這麼一說，王維才反應過來，看看祖詠凍得通紅的臉，有些不好意思：「我這是見到你太高興了，一時竟都忘了，快，快進來！」

王維讓僮僕將門口的馬拉進來拴在院子裏，一邊說著話一邊拉著祖詠進屋，又招呼家人置酒招待。酒酣之際，一對好友盡訴心曲。

祖詠當天便想離開，然而一向尊重朋友的王維，這次卻說什麼也不肯放他走，定要留他。

王維拿著酒杯，一邊勸飲一邊道：「我在這裏多年寂寥，你我難得相聚，無論如何也要再多留些光景才是！」

祖詠推辭道：「摩詰啊，我又何嘗不想留下來與你多敘敘舊，但是任期將近，朝廷之命在身，我也無可奈何啊！」

微醺之際，王維揶揄起對方來：「咱們從小的交情，你這一朝要去高就，便連留宿一晚的時間都沒有了？」

祖詠見實在是無法推辭，只好又飲下一杯酒，大笑道：「你這是無論如何也不能放我走了，也罷，這一別也不知何時才能再見，既然來了，你我便多聚上一聚！」

王維這才心滿意足，又敬了祖詠一杯，兩個人繼續談笑不絕。

當天晚上，兩個數年未見的好友抵足夜談，王維對祖詠訴說著分別之後的際遇，訴說著自己內心的苦悶和孤獨，也訴說著對好友的思念之情。

相聚的光陰總是格外短暫，祖詠畢竟是在赴任的路上，也不好一直耽擱下去，但是好友方才相聚，便又要面對離別，著實令人傷懷。

第二天一早，王維動身冒雪送祖詠離開，這一送便送了一百多里，直送到了齊州。雖然兩人還有許多話沒有說完，但是分別在即，反而不知從何說起，一路上二人默默無言，唯有雪花片片，紛紛揚揚，落了兩人一肩。

臨別之時，王維送了祖詠一首詩，帶著滿滿的不捨之情。王維情真意切地吟道：「送君南浦淚如絲，君向東州使我悲。為報故人憔悴盡，如今不似洛陽時。」

祖詠聽罷，心下也是淒然，但他強自振作，笑著辭別友人，王維也只好做出一副灑脫的樣子，卻在祖詠離去之後，默默看著他的背影，以及雪地上愈來愈長的馬蹄印，佇立良久。

王維在濟州任上又度過了兩年時光，兩年之後，濟州刺史裴耀卿轉任宣州刺史，王維也終於下定決心，辭了濟州司倉參軍之職。王維的仕途暫時中斷，他無官一身輕，漫遊吳越，西進巴蜀，雖然仕途蹭蹬，詩歌造詣卻更進了一步。

知遇之恩

遊歷了數年，轉眼間，王維已經三十歲了。這一年髮妻忽然病逝，王維傷心不已，決定從此不再續娶。

王維漂泊日久，決心重新尋找出路。於是，時隔八年，王維終於回到了長安。回到長安的那一天，王維還是自春明門而入。經歷了近十年的沉浮，王維已經心如止水，興慶宮高大的宮牆，繁華熱鬧的東市，再也激不起他心裏的波瀾。

如今的王維，已經不再是那個初到長安城的少年，不再有那種「相逢意氣為君飲，繫馬高樓垂柳邊」的意氣風發，也不會再對著長安城的繁華心下暗自驚歎，甚至沒有了對未來的那種興奮和憧憬。

站在長安城繁華的東市街上，看著往來的行人，聽著街邊的叫賣喧鬧聲，聞著胡餅的焦香味道，王維的內心異常平靜。

「阿兄！」不遠處的酒肆門口，站著一臉興奮的王縉。王縉看到王維便急不可耐地跑過來：「咱們兄弟這一別，想不到竟這麼久，回來就好，回來了就好啊阿兄！」

王縉激動得幾乎語無倫次，王維還不及開口，便被弟弟拉進了酒肆，二人在一清淨處落座。

「前些日子接到阿兄要回來的消息，我就在這兒訂了筵席，專門給阿兄接風洗塵！」王縉倒著酒，一臉快活，「嚐嚐，蝦蟆陵的郎官清，還是不是當年的味道？外面不常能喝得到吧？」

王維再次見到睽違多年的弟弟，高興得幾乎什麼都忘了，一時間，彷彿與當年初到長安時兩人相對而飲的情況沒什麼兩樣。

「阿兄，如今回到長安城可有什麼打算？岐王、寧王那邊聽說阿兄要回來了，也都很是歡喜，阿兄或許可以去問問。」

王維搖搖頭，眼中透著歲月沉澱的睿智和冷靜，道：「需要干謁的另有其人。」

「哦？阿兄這才剛剛回到長安城，便已經有了打算了？」王縉眼神裏滿滿都是好奇。

「我早就有所耳聞，方今集賢院的學士張九齡大人能選賢任能。」

「阿兄是要干謁於他，那阿兄可與他相熟？」

王維搖搖頭道：「並不相熟。」

「那阿兄為何要干謁於他？不若再問問從前相熟之人。」王縉對王維的決定甚是不解。

「從前，咱們與岐王、寧王等相交，重在情誼。而今為兄經歷過這一番，才明白一個道理，若要有所作為，一定要跟隨真正的賢良才能之士。」王維如今的見地，早已不同於當年那個初出茅廬的少年了。

「阿兄口中的賢良才能之士是便是這集賢院張大人？」

「正是。」王維的回答乾脆果決，顯然是早已經拿定了主意。

「我也曾聽聞，張大人確有識人之能，只不過阿兄與他並無往來，如何自薦？總需要個門道才是啊！」王縉面露難色，眉頭微微皺起。

王維微微一笑，胸有成竹地道：「我聽聞張大人頗好詩賦，特重詩才，不如以詩干謁。」

不幾日，王維帶著名刺到了張九齡府邸。王維入了正廳，見到張九齡，便上前行禮。

「摩詰不必多禮。早就聽過摩詰的詩名，讀過你的詩作，著實不俗，奈何一直沒有機會一見！」

王維連忙道：「您謬讚了，維愧不敢當。維多年來有志難騁，不過閒來聊以自遣罷了。」

張九齡聽出了王維的言下之意，微微一笑道：「摩詰志在何處？」

王維官場蹭蹬多年，心性已有所磨練，當即從容不迫地回道：「維近日又作了些雕蟲筆墨，所思所想，盡在其中，還請令公過目。」

說著，王維從篋中取出詩卷，恭敬地呈與張九齡。張九齡笑著接過詩卷，緩緩展開，仔細看了起來，目光逐句而下，笑容愈來愈明顯。

讀罷，張九齡將詩卷收好，引著王維在几案前坐下，命人上了新煎的紫陽毛尖，道：「摩詰的詩才果然名不虛傳，摩詰的志向我也明白了。」

繼而話鋒一轉，道：「我這裏恰巧還有一位客人，也是頗有詩才，我想你們定然會一見如故。」

說罷，張九齡便讓左右將這位客人請來。王維本就十分喜歡結交朋友，尤其是詩友，聽張九齡這樣說，也是十分期待。待到這位客人走入廳中，王維仔細打量，見來人穿著一身粗布袍衫，頭戴幅巾，眉眼之間卻有一股超塵脫俗之氣。

「這位便是襄陽孟浩然，偏巧也是今天來我府上，詩才也是高絕。依我看，二位賢才才華不分高下，定然能有伯牙子期之誼。」張九齡向王維引見孟浩然，王維頓時對他產生出了一種難以言喻的親近之感。

「原來君即是孟夫子，維雖常年在外，卻也曾讀過君的詩作，當真是清新自然，頗有靖節先生之風！」王維對於孟浩然的欣賞之情發自肺腑，言辭懇切。

孟浩然淡然一笑，道：「摩詰兄客氣了，君之詩名我也是早有耳聞，早就盼望一敘，沒想到今日在此處相識，著實有緣！」

二人當真如張九齡所說，一見如故。張九齡也頗好詩賦，三人轉至張九齡的書房談詩論賦，直至天色向晚。

辭別張九齡後，王、孟二人興致不減，攜手行至西市，找了家胡姬酒肆，繼續飲酒論詩。

二人藉著月色與美酒，談笑不絕，雖是初次見面，卻彷彿是相交多年、久別重逢的摯友，一時間有說不完的話。直談到酒肆打烊，宵禁將近，二人才依依惜別，並相約改日再敘。

自此，二人時常相聚賦詩，成了莫逆之交。

王維以詩干謁張九齡，果然得到了張九齡的賞識。後來張九齡以中書侍郎、同中書門下平章事拜相，推薦了王維，同年，曾任濟州刺史的裴耀卿也拜了相，對王維也多有關照，很快王維便被舉薦出任了右拾遺之職。

右拾遺依舊只是八品官，但絕不再是閒散的職位，可以直言進諫天子，參與朝廷機要，是個十分重要的官職。

王維的仕途漸有起色，但他的好友孟浩然卻多年來屢試不第。孟浩然沒有進士出身，張相縱然想要獎掖提拔，也無可奈何。孟浩然的心中自然不會完全不在意，但他能泰然處之，依然從容瀟脫，經常來找王維飲酒賦詩。

這日，孟浩然到王維官署中探討詩藝，孟浩然剛作了首新詩，拿與王維評賞。

就在二人相談甚歡之際，有人忽然慌慌張張地跑進來，在王維耳邊悄聲說了幾句，王維面色一凜，不自覺地站起身來。

孟浩然見王維一反常態，調侃道：「何人讓摩詰如此驚慌？難不成是聖人到訪了？」

王維沒有反駁，怔怔地看著孟浩然，孟浩然心下也是一緊，下意識「騰」地站起來，一臉的難以置信，問道：「莫非真是聖人來了？」

王維這才恢復常態，點點頭道：「正是。」

孟浩然布衣之身，不知該如何應對皇帝，唯恐不懂禮節衝撞得罪，任他平日裏再如何瀟灑自若，此時也急得不知所措，慌張地道：「這可如何是好，不如……是了是了，我先躲上一躲！」

還沒等王維反應過來，孟浩然便四下尋找合適的藏身之所，他靈機一動，鑽入榻下，王維剛想制止，已經來不及了，玄宗和隨從已經走了進來。

玄宗身著常服，一臉平和神色，王維卻難免慌亂，立即下跪行禮。玄宗親自將他扶起，笑道：「卿不必多禮，私下相見，沒有這麼多禮數。」

話雖如此，王維卻不敢有絲毫怠慢，旋即請玄宗入座：「官署窄仄，望陛下莫怪。」

「這有何妨？」玄宗不以為意，坐到几前。卻見几案之上有兩個酒杯，微微蹙起眉，問道：「卿這裏還有旁人？」

王維偷偷瞥了一眼榻下，想到孟浩然仕途不順，現下正是個好機會，可以讓玄宗看到孟浩然的才華，於是自作主張，對玄宗說了實情。

「不敢有瞞陛下，臣原本在與一朋友共飲論詩，他怕冒犯聖顏，故而隱匿於榻下。」

「哦？」玄宗聽得有趣，忍俊不禁地道，「什麼朋友？竟如此有趣？」

王維道：「臣這個朋友，名喚孟浩然，他詩才高絕，臣常常自嘆不如。」

「孟浩然？朕好像也聽過這個名字，能令卿自嘆不如之人，想必是有些才學的。你教這個朋友出來吧，無需再躲在榻下了！」玄宗的臉上依然盡是笑意。

王維將孟浩然從榻下拉出來，孟浩然已經鎮定下來，學著王維的樣子參見玄宗。

玄宗見孟浩然風姿倜儻，立即對他多了幾分好感，笑著道：「摩詰說你詩才高絕，可有近作，與朕一觀？」

「草民愧不敢當，近來倒是有一首新作，方才正與摩詰討論，願呈陛下御覽。」說著，孟浩然將几上的詩稿恭恭敬敬地呈與玄宗。

玄宗帶著期待的笑容接過詩稿，逐字讀去，臉上的笑容卻逐漸消失，眉眼間隱隱有了些怒意。孟浩然對此並不敏感，還沒有覺察出來，王維在一旁看著，心卻是不住地往下沉。

玄宗的眉毛愈皺愈緊，終於連孟浩然也發現了不對勁，方想抬頭，卻聽玄宗冷笑一聲，道：「『不才明主棄，多病故人疏』，這是你寫的？」

孟浩然雖然感覺出了玄宗的不悅，但是他從未入過官場，捉摸不透玄宗的心思，試探著道：「正是草民所作，言語粗疏之處，萬望聖人見諒。」

「哼，見諒？好個『不才明主棄』，朕分明從來都不曾見過你，何來相棄一說，朕這真是大大的冤枉！明主？朕看你是想說朕是個不識賢才的昏君吧？」

孟浩然和王維皆是一驚，立刻下跪請罪。孟浩然不過是發發牢騷，原也沒有這意思，更是萬萬不曾想到會讓皇帝本人看到，心下才是真正惶恐。

「陛下息怒，草民絕無此意，絕無此意！」孟浩然情急之下也不知如何辯解，只能連連否認，玄宗自然全然聽不進去。

玄宗氣道：「你也不必驚慌，朕不會治你的罪，否則豈不真成了你口中的昏君？不過你既然說朕棄了你了，朕不願受這個冤枉，便坐實了它吧！」說罷便起身拂袖而去。王維還想跟上去再幫孟浩然分說幾句，卻被玄宗身邊的扈從攔下，只好恭送玄宗離開。

王維轉過身來，見孟浩然兀自呆立在原地，怔怔發愣，趕忙過去寬慰：「孟兄，你且寬心，聖人只是一時在氣頭上罷了，氣急之言，豈可作數？」

孟浩然漸漸回過神來，苦笑道：「旁人自是如此，但聖人金口玉言，又豈有不作數之理？」

王維心下一想，此話確實有理，心下覺得愧疚，道：「此事錯在維，是維擅作主張。原是想借此機會舉薦孟兄，卻沒想到害了孟兄……」

孟浩然搖搖頭道：「此事與摩詰無關，這一切都是命數，偏巧聖人今日到訪，又偏巧看到這一首詩。聖人不治罪已是寬宥，看來是我命裏沒有仕進的機會，罷了，罷了！」

說罷，孟浩然拿起案上的詩卷，緊緊攥在手中，轉身逕自離開。王維看著他的背影，心情十分複雜。

出使塞外

又到了一年冬天，夜已深了，王維與王縉兄弟二人在房內秉燭而坐。窗外寒風凜冽，吹得窗櫺吱呀呀地晃動。

「變天了！」王縉望著窗外猛烈搖動的樹影，喝了口酒道。

「事情已經確定了嗎？」王維心裏都明白，卻很不願意接受。

王縉無奈地笑笑：「可不是定了？張相馬上便要起身前往貶所荊州了，裴相也被罷了職，只給了個尚書左丞的虛銜，往後這朝廷裏便是那李林甫隻手遮天了。」

說罷，王縉又給自己斟了杯酒，一飲而盡。

「張相在任的這幾年，選賢任能，清吏治，肅朝綱，盡忠職守，我原本還覺得終於看到了希望，想著跟隨張相，終有一天能達成自己的理想，卻沒想到竟然又是一場空。」王維的話語裏透露出了理想幻滅的痛苦之情。

王縉歎了口氣，也道：「正是如此。如今罷黜賢能，奸佞當道，這朝廷恐怕是沒有指望了！」

王維心裏雖然也這樣想，但聽到王縉把這話說出口，還是下意識地勸阻道：「這話可不能亂說，大逆不道！」

王縉卻不以為意，道：「阿兄你也太過小心了些，咱們這是在自己家中，更何況我說的句句是實話。」

王維何嘗不知道這是實話，他拿起酒杯，默默無語地飲下一杯酒，聽著窗外呼嘯的北風，心裏的那團火焰彷彿也被風吹滅了。

送別了罷相的張九齡，面對著李林甫獨攬大權的局面，王維在朝中覺得步履維艱，他不願意留在李林甫身邊虛與委蛇，主動請纓出使河西。

不久，王維被任命為監察御史，很快便動身前往涼州（今甘肅武威）。王維出了金光門，一路向西，走了十幾日後，沿途愈發荒涼，人煙漸漸稀少。

經過一路顛簸，王維人困馬乏，便停下來休息。他掀開車帷，舉目四望，四周全是黃沙，一直延伸到天邊，無窮無盡，滿目蒼涼，遠處一道孤煙直直聳立在天地間，將這一幅大漠之景一分為二。

黃昏時分，太陽緩緩下落，迫近地平線，在這一片空曠無人的沙漠上散發著溫暖的光芒。王維望著孤煙落日，正在怔忡，又看見天邊幾隻鴻雁飛過，劃過黃昏的天空，留下幾聲哀鳴。

「咱們這是到哪兒了？」王維問身邊的僮僕，目光還是投向遠方的夕陽。

僮僕四下看了看，回道：「看樣子，大概到涼州城附近了！」

「已經走了這麼遠了啊……」王維不由自主地向後望去，只見一條大道延伸向遠方，哪裏還能看得到長安。

正在他心下感慨之際，前方人聲響起，一隊騎兵從不遠處迤邐而來。隊伍見到王維便停了下來，為首一人下馬行禮，問：「大人可是新來的監察御史？前面不遠便是涼州城了，若是快些趕路，天黑之前該是能到。」

「多謝！」王維笑著回答，辭過了騎兵，繼續向前。

王維坐在車中，望著茫茫沙海，心中不禁升起思念之情，不僅思念故鄉、思念長安，也掛念著外放出京的張相。張九齡對自己的知遇之恩，他一直記在心裏。張九齡一朝獲罪，遠去荊州，而自己如今身在大漠，天南地北，遙不可及。

「所思竟何在，悵望深荊門。舉世無相識，終身思舊恩。方將與農圃，藝植老丘園。目盡南飛鳥，何由寄一言。」望著落日黃沙，王維傾瀉出對張九齡的牽掛。

動身前往大漠之前，王維便已寫下了這首情真意切的五律，寄給遠在荊州的張九齡，如今大漠之中再次吟出，字字皆是泣血之言。

天色漸沉，王維單車一輛，在大漠中緩緩而行。遠處的天空一片紅紫，在空曠無人的沙漠上，絢爛得有些孤寂。

斜月初上，王維一行終於到了涼州河西幕府，當晚安頓休息。第二天，河西節度使崔希逸便置了牛羊清酒，給他們接風洗塵。

王維官階不高，但監察御史巡視邊地，代表的乃是朝廷，崔希逸自然不敢怠慢。王維受到一方節度使的禮遇，也是感佩於心，當即致謝落座，與崔希逸賓主盡歡。

涼州作為大唐西北的重鎮，時常遭到突厥兵士的侵擾，但在崔希逸治下，也還算平安無事。這裏的民風與長安迥然不同，別有一種西北邊地的豪邁之氣。

飲宴過後，崔希逸請王維領略邊地風景，在他的陪同下，一行人到了涼州城的城樓上，遠望四方。

時值秋末冬初，城外一片肅殺之氣。邊地的天空格外高遠，朵朵白雲飄浮在深秋的碧空之上，一陣陣北風吹來，帶來強烈的寒意。

「這裏再往北去，便與突厥地界相接了，那邊時不時會發生些衝突。」崔希逸望著遠處，為王維解說。

第一次來到邊塞的王維，被這邊地壯闊的秋景深深地震撼著，胸中鼓蕩著一種豪俠之氣，彷彿眼前便是一片殺伐景象。聽崔希逸這樣說，他關切地問道：「近來這附近也時常有短兵相接之事嗎？」

「我今早便接到戰報，昨晚，就在這附近，我軍與突厥有過一戰。」崔希逸笑了笑，隨口答道，神情極為平常，就像是在說長安西市的酒肆新上了一種酒一般。

看到崔希逸輕鬆的神情，王維心下了然，笑道：「看來是我方佔了上風。」

「向來如此。」崔希逸此話說得頗有些自得，但王維聽在耳中卻不覺得有任何驕矜之意，反而心下十分佩服。

二人正說話間，忽見遠處的草甸上燃起了大火，火光沖天，烈焰熊熊，連成一片，蔚為壯觀。

「這是？」王維從未見過如此場面，不覺有些驚慌。

崔希逸卻道：「摩詰有所不知，這是那邊軍士正在圍獵，咱們這邊的風俗，圍獵之前，先把這荒野燒上一遍，把周圍的野獸都趕出來。」

果不其然，崔希逸剛剛說完，便聽喊聲動天，一隊聲勢浩大的騎兵奔突而出，吶喊聲和馬蹄聲從遠處傳來，腳下的大地彷彿在震動。

「居延城外獵天驕，白草連天野火燒。暮雲空磧時驅馬，秋日平原好射鵰。護羌校尉朝乘障，破虜將軍夜渡遼。玉靶角弓珠勒馬，漢家將賜霍嫖姚。」王維望著遠處的火燒圍獵，望著暮雲和遠空，作了首七律。

崔希逸見王維此作遒勁有力，頗有慷慨之音，忍不住大叫了聲好，說道：「摩詰詩才果然高絕，我雖遠在邊地，卻也早有耳聞，今日得見此作，才知傳言非虛啊，好一個『漢家將賜霍嫖姚』！便為摩詰此言，今晚咱們也該痛飲一番！」

「正有此意！」王維少年時，原本就有些游俠意氣，只是多年宦海沉浮，銳氣漸消，而今到了這塞外之地，天高地迥，兵將驍勇，他的胸中也不禁壯闊了起來。

說話間，天色已漸漸暗了下來，空中飄起了大雪。兩人下了城樓，到帳中置酒歡飲。酒酣之際，忽聞帳外有馬兒嘶鳴之聲，隨即便有兵士闖入帳中。崔希逸接過軍報，眉頭微蹙。

王維不由地緊張起來，問道：「可是有什麼大事？」

見王維如此緊張，崔希逸轉而笑了起來，道：「是都護傳書，說他們在酒泉一帶遭遇了突厥，一小股兵力而已，不妨事。」

說罷崔希逸拿來紙筆，揮舞而就，遞與兵士道：「傳我的命令，立刻派一小隊人馬趕去酒泉解圍。」

士兵領命匆匆而去，崔希逸卻氣定神閒，胸有成竹地笑了笑，又敬了王維一杯酒。

在此之前，王維從沒有想過，自己會與殺伐征戰的事離得這樣近。在這涼州，隨時都會有衝突乃至戰爭發生，而崔希逸談笑之間，指揮若定，令王維欽佩不已。

「君的氣度才幹，著實令維佩服，維有詩一首，贈與將軍。」說罷，王維滿了一杯酒，敬向崔希逸，朗聲道：「十里一走馬，五里一揚鞭。都護軍書至，匈奴圍酒泉。關山正飛雪，烽戍斷無煙。」

王維作詩立就，崔希逸又是拊掌稱讚，嘖嘖稱奇。

此後，崔希逸只要有閒暇，便會帶著王維一行到河西幕府治下各處巡察，這樣過了數月，到了暮春時節，王維突然收到消息，崔希逸即將離開涼州。

王維趕到河西幕中，卻見崔希逸已經收拾好了行裝。他看到王維趕回來，故作輕鬆地笑笑，道：「摩詰雖是暫時巡邊，卻沒想到我反而要先一步離開涼州了吧。」

「可是出了什麼事情，緣何如此倉促？」王維關切地問道。

崔希逸面露愁色，道：「朝廷之令，改任河南尹，不得不從，箇中無奈之處，摩詰想必也是深有體會。只是我心中有愧，如今離開，恐怕便再無彌補的機會了。」

「可是為兩月前追擊吐蕃進犯軍隊一事？」王維知道他心中所想，寬慰道，「那也不是你的本意，你不過是奉命行事。」

「話雖如此，但因此斷送了吐蕃與大唐邦交，我心難安。」崔希逸的聲音裏透露出深深的痛苦。

兩個月前，崔希逸領旨，率兵攻打涼州附近的吐蕃軍隊，對方毫無防備，在崔希逸的奇襲下死傷慘重。然而在此之前，崔希逸已與吐蕃簽訂了停戰盟約，卻迫於皇命難違，只得違背盟約，攻擊了對方。

「失信於人，乃反覆小人所為，摩詰你說，我心又如何能安？」

王維知道，崔希逸一直因此自責，從前豪爽勇武、氣定神閒的河西節度使這兩個月來常常愁眉不展。王維也不知道該如何寬慰崔希逸，只得說：「君先一步離開涼州，等維交辦好相關事宜，也便請辭，日後定會再與君相聚，望君千萬保重，務必寬心！」

崔希逸努力收了愁容，擠出一絲十分勉強的笑容，向王維拱拱手，轉頭而去。王維望著他遠去的背影，心中忽然生出一股悲涼之感。

崔希逸走後不久，王維也完成了出使巡察的任務，便立刻驅車返回長安。回到長安之後，沒過多久，王維聽到了崔希逸死在任所的消息。這個宅心仁厚的河西節度使，終究無法原諒自己，鬱鬱而終，而遠在長安的王維，只能對著崔希逸貶所的方向遙祭英靈。

送別孟浩然

崔希逸去世的噩耗還沒有遠去，又傳來了張九齡的死訊，讓王維更是悲慟。那段時日，王維常常一個人待在屋子裏，默默思念故人。月色涼如水，王維當窗而坐，輕聲念著張九齡寫給他的詩：「荊門憐野雁，湘水斷飛鴻。知己如相憶，南湖一片風。」多麼灑脫而情意深重的一首詩，如今讀來，彷彿張九齡還在荊州，等待著自己這個故人前去一會。

王維的心中滿是痛苦，但是他無法放任自己一直沉浸在悲傷之中，畢竟還有許多事情等著去做。

很快，王維接到了另外一個重要任務——主持南選。南選指的是銓選嶺南一帶，包括黔中、嶺南、閩中諸郡縣的官員。南選每四年舉辦一次，一般在桂州（今廣西桂林）或黔州（今重慶彭水）舉行。

這一次南選是在桂州，於是被任命為監察御史兼補選使的王維動身前往。這次行程比出使涼州更遠。行到南陽，王維便在臨湍驛暫時住下歇腳。

第二天一早，陽光照進驛站的窗櫺，幾聲鳥鳴襯得這個早晨愈發清靜，王維站在窗邊欣賞窗外的清秋景色，思緒紛亂，一邊懷念摯友伯樂，一邊擔憂自身前途。正在胡思亂想時，一個緩緩從驛館走出來的僧人出現在他的視野裏。

僧人身著一件舊的棉僧袍，鬢髮盡白，臉上帶著平靜和藹的笑容，打眼一看，便知這是一位早已看透世情的得道高僧。

因為母親的原因，王維自幼篤信佛教，最喜與僧人結交。他速速整理好了衣冠，下了樓，出了驛館大門去追那老僧。

老僧並未走遠，而是站在一棵樹前，雙目似閉還睜，微笑著傾聽鳥鳴啁啾。

王維走到老僧面前，恭敬地行了個禮，滿懷崇敬之意，道：「打擾上人，冒昧一問，您可也是住在這臨湍驛？」

老僧緩緩睜開雙眼，不徐不疾地轉過頭來，他看到王維，綻開了一個和藹的笑容。「施主有禮了，老衲正是住在這臨湍驛之中，看施主面善，似乎頗有佛緣，敢問施主是……」老僧聲音親切平和，令人如沐春風。

王維覺得這老僧似乎有一種特別的力量，看著他的眼睛，聽著他的話語，心中有一種莫名的安定感，便知老僧的佛法造詣必定高絕，於是態度也更加虔誠了：「上人客氣了，某蒲州王維，前往桂州主持南選，暫住此處。尊請上人法號。」

老僧眉毛微微一動，眼中透出驚喜的光芒，說道：「閣下便是那個詩畫雙絕的王摩詰嗎？老衲洛陽菏澤寺神會。」

王維不禁露出難以置信的神色，問道：「上人便是惠能大師的高徒神會上人？」

老衲微微一笑，點頭回道：「正是老衲。」

佛教流傳至南北朝，衍出禪宗一系。五祖弘忍之後，禪分南北，北宗禪領袖是弘忍的弟子神秀，南宗禪則由被尊為六祖的惠能創立。

當年，弘忍禪師為選出自己的衣缽弟子，令門下眾弟子以佛偈闡述禪宗思想，神秀率先吟出一首佛偈：「身是菩提樹，心如明鏡臺。時時勤拂拭，莫使惹塵埃。」

眾人深深嘆服，無人敢再出一言，但弘忍大師似乎對此不盡滿意，這時平日裏負責灑掃的惠能隨口念道：「菩提本無樹，明鏡亦非臺。本來無一物，何處惹塵埃。」

弘忍大師聽了不由地讚了一聲，歎其高妙，把衣缽傳給了惠能，此後惠能開創了南宗禪一脈，成為禪宗六祖。不過在士大夫階層之中，流行的還是北宗禪。

北宗禪講究漸悟，也被稱為漸教，強調要持續不斷地刻苦修行，以淨化內心；南宗禪則講究頓悟，故而也被稱為頓教，強調自證自悟，明心見性。南宗禪沒有繁瑣的儀式和場地限制，影響後來慢慢超過了北宗禪。

王維的母親崇信北宗禪，師事神秀禪師的弟子大照禪師，因而王維早年也深受北宗禪的影響，極為注重佛法修行。

但這一次，王維偶遇的是南宗禪的領袖，他門戶之見並不深，想要向神會禪師請教佛法。

王維請神會禪師到了自己的房間，奉上茶湯。

「維心中有無限苦痛，雖日日禮佛盡誠，努力修行，還是無法擺脫。敢問上人，如何才能求得解脫？」王維說著，想起張九齡、崔希逸等昔日友朋，又想起朝廷中李林甫獨攬大權、敗壞朝綱，眉目間不禁又有了愁容。

神會禪師微微一笑，飲了一口茶道：「眾生本來是清淨的，如果一意苦修，反而是妄心，不可得解脫。」

王維聽到神會禪師說的話，十分驚訝，他禮佛數十年，從未聽過這樣的說法，不由說道：「維也聽不過少大德高僧的妙論，從來沒有聽過這樣的話。此言甚是高妙啊！上人果然佛法高深，看得通透！」

神會禪師繼續說道：「一念愚則般若（智慧）絕，一念智則般若（智慧）生。不悟則佛是眾生，一念悟時，眾生即佛。」

「妙啊！」王維拊掌大讚，再向神會禪師行禮，「佛學一道，全在一個『悟』字，悟得之時便即是佛，除此而外，不必著意修習！」

「正是此理，施主深具慧根，一語便得，善哉善哉！」神會禪師眼中的笑意愈發濃了，看著王維深深地點了點頭。

其實這是南宗不講究繁文縟節，追求自在和頓悟的理論，一向接觸北宗的王維忽然間聽到南宗的說法，不禁深有感觸，一些纏繞在心頭的疑難得到了解答。這些理論，也深深影響了他的詩歌創作。

王維和神會對坐論經，談了三天三夜，王維感覺修為和境界都得到昇華。

然而王維公務在身，不得不告別神會禪師：「上人，維冗務在身，不能繼續聆聽上人教誨，他日定當至洛陽菏澤寺拜會上人，到時再向上人請教佛法。」王維說罷，又虔誠地向神會禪師行了個佛禮。

神會禪師笑著點頭，道：「君若有緣來菏澤寺，老衲必當烹茶以待。素聞君文筆高妙，他日有暇，可否為吾師惠能禪師作一篇碑文？」

「求之不得！是維的榮幸！」王維許諾之後，再次行禮，轉身上了馬車，迤邐而去。

他內心的愁苦已去了大半，心中清明了不少，臉上也露出了發自內心的微笑。

再往南走，便到了襄陽附近，王維心中牽掛好友孟浩然，自孟浩然失意歸隱之後，已有數年未見，於是他決定稍稍繞路去拜訪故人。

去襄陽城路過漢水，江水茫茫，山色朦朧，王維極目而望，彷彿身在水墨畫中，想著即將見到好友，心情暢快，頓時詩興大發，隨口吟道：「楚塞三湘接，荊門九派通。江流天地外，山色有無中。郡邑浮前浦，波瀾動遠空。襄陽好風日，留醉與山翁。」

他想像著很快就要和孟浩然對坐而飲，抵足而眠，心情格外舒暢。

山路曲折，顛簸了許久，王維才到了峴山腳下孟宅附近。周遭山清水秀，風景宜人，王維心下想，孟兄雖然仕途蹭蹬，但能隱居此處，卻也是愜意自得。

誰料到了孟宅門口，卻見到門上掛著白幡。王維的腦子「嗡」地響了起來，一種不祥的預感襲來。他腳步沉重地走到門口，猶豫了半晌，終於敲響了大門。

敲了許久，才有人來開門，來的不是孟浩然，卻是孟浩然的夫人。看到對方一身麻衣，王維心下涼了大半，惴惴不安地問道：「嫂夫人，孟兄……何在？」

孟夫人臉上淚痕未乾，有些哽咽，說不出話來，只轉身往院子裏走。王維腦中一片空白，愣愣地跟著走了進去。

院中人全都披麻戴孝，靈堂前掛著白幡。王維進了靈堂，一眼便看見了桌子上黑漆漆的靈位，上面赫然寫著孟浩然的名字。

王維腳下一軟，便要摔倒在地，多虧旁邊的僮僕扶住了他。之前想像的與孟浩然對飲暢談的畫面瞬間破碎，換成了眼前這個冷冰冰的牌位。

良久，王維才啞著嗓子問道：「怎麼會？孟兄身體硬朗，如何便會……」

孟夫人沉浸在悲傷中難以自拔，嗚嗚咽咽地說：「前些日子，王昌齡來家中拜訪。」

「少伯（王昌齡的字）？他前些日子來了？但這與他有何干係？」

孟夫人擦了擦眼淚，繼續道：「之前夫君背上生了個毒瘡，原本沒什麼大礙，大夫來瞧過了，給他敷了藥，囑咐他毒瘡痊癒之前千萬不可飲酒食鮮。我在一旁盯得很緊，眼看著便要痊癒了，前些日子卻因著王昌齡兄弟前來，他心下高興，背著我們出去吃酒，又食了河鮮，回來便毒瘡破裂，這便……便……」

孟夫人說到此處，哽咽著再也說不下去了。王維讓僮僕取了一罐從長安帶來的郎官清，斟了滿滿一碗，眼中含著淚水，顫抖著將酒灑在了孟浩然的靈位前。

「孟兄，這是蝦蟆陵的郎官清，從前你我在長安時最愛喝的酒……」話未說完，王維的雙眼已經一片模糊，什麼都看不清了……

「故人……不可見，漢水日東流。借問……襄陽老，江山空蔡洲。」王維一字一字地念出對孟浩然的思念之情，念到最後，已是泣不成聲。

王維帶著極為沉重的心情離開了孟家，繼續向前，一路青山綠水，王維卻再無心欣賞。就這樣，幾日後到達了郢州。

郢州刺史聽聞知南選的監察御史大人將至，早早便做了準備，在刺史亭擺宴接待王維。

然而王維還沉浸在對故友深深的悼念之情中，實在沒有宴飲的心情，一臉痛苦，愁眉不展。

郢州刺史看到王維的神情，連忙詢問，才得知了孟浩然去世的消息。

「『借問襄陽老，江山空蔡洲。』好一個『江山空蔡洲』啊，孟夫子是我們這裏的鄉賢名士，想不到竟然……聽聞侍御史大人筆擅丹青，又與孟先生深交如許，不如為他作幅畫像，懸在這刺史亭上，供後人瞻仰，也不枉孟夫子的詩酒才名。」

文人畢生所求，無非青史留名，孟浩然一生布衣，才名事蹟後世恐渺茫難尋，自己若能為他作一幅畫，保留住他的音容笑貌，也確實是功德一件，也是自己紀念友人的好方法，於是王維當即答應了下來。他憑著心中對孟浩然的記憶，帶著對故人的思念之情，揮毫運筆，片刻工夫，一幅十分逼肖的孟浩然畫像便出現在紙上。

王維筆下的孟浩然身材頎長瘦削，一襲白衣，坐在馬背上，風神高邁，還有一個童子，抱著書笈，背著琴，站在旁邊。

眾人觀王維作畫，皆忍不住讚歎王維畫技精妙，但這樣一來，王維心中反而更加沉重。

王維看著畫中的孟浩然，彷彿好友就在面前，他怔愣了許久，才把畫小心翼翼地遞給郢州刺史。

刺史命人將畫掛在刺史亭中，此後刺史亭便改名為浩然亭，後來又更名為孟亭。

王維離開郢州，繼續趕路，在正月到達了桂州。他在一派過年的喜慶之中，主持銓選之事，但心中卻帶著揮之不去的悲傷。

心隱輞川

接連受到好友離世的打擊，再加上朝廷在李林甫及牛仙客一黨的把持之下，愈發烏煙瘴氣，王維的心千瘡百孔，他已經沒有了少年時的昂揚之志，出世向佛之心愈發強烈。從前自己想要跟隨的明相，如今已不在人世，曾經詩酒唱和、並肩而立的好友也大都不在身邊，不是化作一抔黃土，便是散落四方。王維在這偌大的長安城，孤軍奮戰，心下無比淒涼，他無力與李、牛等人周旋，只想隱居山林，了此餘生。

然而，王維並沒有辭去官職，而是在仕與隱之間尋求到了一種微妙的平衡。

這天是休沐日，王維正在院內的藥欄旁閒坐，忽然聽到叩門的聲音。近兩年來，王維故交散落，門前訪客也漸漸稀少起來，乍一聽到叩門聲，一時還有些詫異。僮僕開得門來，一個風姿俊朗的白衣青年走了進來，原來是王維新交的小友，裴迪。

王維頓時十分開懷。老友相繼去世，又對朝廷失望，他的內心不免孤寂，幸而有裴迪等人還能偶爾相陪，於是笑顏逐開地邀請裴迪進屋。

然而裴迪卻笑著搖搖頭，眼睛裏透露出一些難以掩飾的興奮，頗有些神祕地道：「今日來尋摩詰兄，是要帶你去個好去處。」

王維已經過了會對諸事充滿期待的年紀，但見裴迪如此，還是禁不住有些好奇，問道：「什麼好去處？」

裴迪並不立即回答，反而愈發神祕起來，故意道：「到了地方，你便知道了。」

王維也不再追問，跟隨一臉笑容的裴迪出了門去。

兩人一路緩緩而行，不久便走到了長安城東市，走進東市，繁華熱鬧便迎面而來。平時深居簡出的王維已經很久沒有感受過東、西兩市的熱鬧了，看著摩肩接踵的人群，聞著酒肆裏飄出來的香氣，確實有一種久違之感。

「你說要帶我來的地方，不會便是這東市吧？」王維臉上露出戲謔的笑容，彷彿在說，你這小友莫不是想尋我開心。

裴迪再次神祕地笑笑，又搖了搖頭，道：「自然不是，摩詰兄莫急，繼續跟我走便是。」

他們穿過人群，最終來到了東市西門附近的一家賃驢行。店家見到裴迪便熱情地招呼，看來他肯定是這裏的常客了。

「如此，咱們這是要出長安城？」王維心下明白了一二。一般出城不遠的話，長安城中的人們會來賃驢行雇上一輛驢車。

聽到王維的詢問，裴迪笑意更濃，但依然不多說什麼，跟賃驢行的夥計辦好了手續，交了錢，二人便坐上了驢車。夥計駕著驢車，帶著二人出了東市西門，沿著寬闊筆直的朱雀大街一路向南，直出了長安城南邊的明德門，向城外駛去。

出了長安城，不多時，田野、山川便漸次映入眼簾，開闊的景色令人心曠神怡，王維頓時覺得神清氣爽。

「許久沒有到城外看看了吧？」眼見著離長安城愈來愈遠，裴迪看著王維注目欣賞窗外風景的樣子，笑著問道。

王維臉上露出愉快的笑容，點點頭，然後問道：「現在你總可以說，咱們這是要去哪了吧？」

裴迪笑了笑道：「我在藍田那邊，終南山腳下的輞川買了個宅子，那裏山清水秀、風景宜人，可是個好去處。」

「原來如此，終南山腳下的風景著實不錯，之前我也曾去過幾次，確實是個令人神往的好地方。」王維眼睛裏透露出了明顯的羨慕之情。

二人又說了些話，不多時，便已到了終南山附近。終南山一帶景色秀麗，只見山勢起伏，綿延不絕，周圍層林蒼翠，鬱鬱蔥蔥，讓人心曠神怡。

「到了！」裴迪讓夥計停了下來，兩人下了車，他們周圍是一片青翠的竹林，竹林旁的溪水清澈見底，幾頭游魚在水中悠游自在，陽光照在水面上，灑下點點金光。

沿著小溪走了不久，來到了一座竹屋前，門扉半掩，二人剛一進門，一個身著白袍衫的男子便迎了出來。

「摩詰兄！我可是在此等候多時了！」來人名叫崔興宗，是王維的好友，同時也是王維的內弟。

王維環視周遭，幽靜的小院裏，仰頭便能看見四周的群山和山頭縈繞的雲霧，滿眼的山水之色，讓人的身心彷彿都受到了洗滌。

「你怎麼也在這裏？」王維笑著問崔興宗。

崔興宗並不直接回答王維的問題，反而問道：「怎麼樣，裴兄這小院子不錯吧？」

王維點點頭，隨即便看到院子裏的几案上擺著些簡單的小菜，以及一壺阿婆清，笑道：「這是你們準備的？」

裴迪笑道：「這山間沒什麼精緻食饌，但是勝在新鮮。這是我們特地準備的筵席，就等著你來一敘。」

說著，三人落了座，在終南山的雲霧之下，舉酒共飲，談笑盡歡。清風拂來，三人的笑聲隨風而去，迴盪不絕。

「你們是如何尋著這麼個好地方的？」王維一邊吃著小菜，一邊問二人。

裴迪給王維又斟了杯酒，笑道：「這地方還是崔兄幫我找的，不僅如此，他自己也在旁邊置了個宅子。」

王維假裝生氣，對崔興宗道：「好啊，你先幫裴秀才找了這麼個神仙之地，卻不想著我！」

自從崔希逸、張九齡、孟浩然等好友相繼過世，王維似乎許久沒有如此打趣過誰了，這終南山下的清淨之地，讓王維一下子放下了心中沉重的包袱，神會禪師與他三天三夜的論道講佛沒有做到的事情，這輞川的山水卻輕而易舉地做到了。

崔興宗笑嘻嘻地回道：「若是沒有準備，也不敢貿然邀姊夫前來。我前些日子尋到了這處好園林，想著姊夫必定喜歡，今日便是想問問，姊夫可也想在這裏置個宅院，從此而後，你我幾個便遠離塵世煩擾，在此飲酒賦詩，豈不快哉！」

王維興奮地應了聲好，忍不住立即滿飲了一碗阿婆清，然後道：「如此甚好，甚好！

只不知是什麼宅子，離你們二位的宅邸近也不近？」

裴迪笑道：「崔兄辦事當真是滴水不漏，你猜這宅子怎的，竟是前朝宋之問的產業，後來他出了事情，這宅子便由他弟弟宋之悌掌管經營，如今幾番輾轉，正要出售。那宅子委實清雅怡人，離我們兩個的住所也近得很。」

王維點點頭，笑了笑道：「如此說來，定是不差。宋之問雖然為人有些瑕疵，於詩文一道卻是令維佩服，他的宅子必定不俗。」

崔興宗聽王維這樣說，很是開心，又給三人倒滿了酒，問道：「那兄長是打算買下來與我們在此隱居了？」

王維重重點頭，於是三人舉起酒碗，用力一碰，酒灑出來不少，三人開懷大笑，各自飲下一大口。

崔興宗又道：「兄長詩才如此之高，見此終南勝景，可否賦詩一首？」

說著，崔興宗回到竹屋中拿出了紙筆，竟然是早就備好了。

王維見到一路的美景，又看到終南山的巍峨秀麗，本就詩興大發，略作思忖，提筆寫就：「太乙近天都，連山接海隅。白雲迴望合，青靄入看無。分野中峰變，陰晴眾壑殊。欲投人處宿，隔水問樵夫。」

王維一詩寫罷，裴迪和崔興宗都是嘖嘖稱奇，讚歎不已。

飲酒賦詩之後，崔興宗和裴迪便帶著王維來到宋之問原來在輞川的宅邸，王維一看，確實是一處風景絕佳的清雅之所，心下十分歡喜，立刻買下了這片園林。

之後，王維在裴迪的協助之下，開始佈置修葺宅邸，他依形就勢，設計出了辛夷塢、竹里館、鹿柴等二十個輞川之景，並與裴迪一起，因著每處盛景，相和成詩。

輞川別業修葺完成之後，王維便時常離開長安城，在此閒居。

春日遲遲，他對著辛夷塢裏自開自謝的芙蓉花，感受著山間的清幽；夏日夜晚，他時不時在竹里館的幽篁之中，彈琴長嘯，對著明月傾訴心曲；偶爾，又在傍晚的鹿柴，在夕陽映照之下，體味靜照之意。

在這裏，處處皆是頓悟之機，王維仰首望著白雲，便吟出「行到水窮處，坐看雲起時」，詩意與禪機渾然天成；也是在這裏，王維與裴迪唱和不絕，吟著「漠漠水田飛白鷺，陰陰夏木囀黃鸝」，看著日出日落，鳥飛魚游。

輞川的恬靜山水，將王維的詩情徹底激發出來。在輞川，王維的山水詩讓山水都有了新的顏色。

從此以後，王維身雖出仕，心卻一直在輞川，過上了半官半隱的生活。

長安陷落

王維的官職愈做愈高，天寶十四載（七五五年），王維轉任給事中，官階為正五品上。

就在這一年，一場讓整個唐王朝從此走向衰落、一蹶不振的禍事，徹底打破了所有的平靜。

這一日，王維正在輞川別業的臨湖亭裏與裴迪飲酒賦詩，王縉臉上帶著著急的神色，十萬火急地走了進來。

「夏卿，瞧你這神情，發生了什麼事？」王維不解地問王縉。

「安祿山那賊胡，確定是反了！」王縉趕得口渴，急急拿起几案上的一碗清酒，喝了一大口才回答。

王維與裴迪二人都是一驚，一下站了起來。「當真？」二人幾乎是異口同聲。

王縉一臉悲憤地道：「此等大事，我怎會開玩笑，聖人已經派了安西節度使封常清去鎮守洛陽，命高仙芝將軍起兵東征了！」

「早先張相就說過安祿山包藏禍心，聖人偏是不聽，如今……」裴迪面上流露出痛苦的神色，禁不住扼腕嘆息。

「那賊胡雖然居心叵測，一身反骨，但著實驍勇善戰，何況他身邊還有史思明相助，好在聖人派了郭子儀與李光弼兩位將軍去攻打史思明，聽說打了幾個勝仗。」

初冬天氣，原本算不上太冷，反而讓人覺得空氣中的涼意恰到好處，而現下這壞消息一出，王維與裴迪卻都立時覺得寒意凜冽。

王維要比裴迪冷靜得多，他立即關切地問道：「如今的形勢又如何了？」

王縉歎了口氣道：「恐怕不太樂觀，聽說封常清與高仙芝都剛吃了敗仗，恐怕是要問罪的了。現下聖人又派了哥舒翰前去鎮守潼關，而安祿山那邊卻是勢如破竹，有好幾座城池都是直接開門納降，看來朝廷這些年是真的失了民心啊，不然阿兄你也不會一直無心政事，隱居在此……」

王縉的話還沒有說完，王維忽然開口道：「回去！」

王縉不解地道：「回去？回哪裏去？」

王維說著便往外走，王縉和裴迪見狀只好立即跟上。王縉追著王維道：「我來跟阿兄說這個消息，原是教你出去躲一躲，或者告個假留在輞川。現在的形勢，不知道什麼時候安祿山的叛軍就要打到長安來了！」

任憑王縉如何說，王維也絲毫沒有放慢腳步，反而愈走愈快，邊走邊道：「平日裏隱居此處，是因為抱負無處施展，朝廷上的烏煙瘴氣不如不看。但現下社稷有難，身為臣子，又豈能獨善其身？無論如何也要向聖人進諫才是。」

「阿兄，你冷靜些！我聽說，現下連聖人都在觀望，若是哥舒將軍守不住潼關，便要棄城而去了。現下滿朝上下都人心惶惶，大家隨時準備著出逃，阿兄又是何苦呢？」

王維不再回答，只是徑直往前走，沿著欹湖穿過木蘭柴、文杏館，穿過孟城坳，便出了輞川別業。王縉見兄長執意如此，也只得跟了上去。

裴迪拉住王維，有些激動地道：「既如此，我也跟你們一起回去，無論情勢如何，大不了與長安城共存亡，與你們同生共死，也不枉相交一場！」

王維眼中流露出感動的神色，卻搖了搖頭道：「我並非意氣用事。我身居諫官之職，平日裏言路不開，故而漸漸無心於此，但方今之時，我便是拚死進諫，也絕不再退半步。但你無需如此，你留在此處，替我守好這輞川別業，若有些什麼，你在這裏也好有個照應。」

裴迪知道如今長安城危如累卵，隨時有可能被叛軍攻破，王維這樣說，是不希望自己回去涉險。但是王維說的也並非沒有道理，自己回長安城也於事無補，反倒是留守輞川，將來可以有個接應，於是猶豫了半晌，點了點頭。他望著王維，鄭重地行了個禮，道：「你兄弟二人多多保重，且放心回去，我便留在這裏，定不負所託！」

王維、王縉兄弟向裴迪回了個禮，然後便轉身離去。三人都明白，這一別，恐怕再見就不容易了，故而心下都是一陣淒涼。

馬車之中，王維看著窗外的群山漸漸向後退去，他知道接下來自己可能面對的是怎樣的命運，想著想著，他倏然開口道：「夏卿，你也莫要回去了。」

王縉一愣，不肯答應：「阿兄你說的是什麼話！是我來跟你說的此事，而今你自己要回去，卻不許我回去！如今母親也不在了，幾個兄弟又都在外，你我二人相依為命，此事斷然不可！」

王維將視線從山野慢慢轉向王縉，堅定地道：「你我兄弟情深，為兄自然明白。但現在家國有難，不是只顧個人情誼的時候，我回去是盡我的使命，而你有更重要的事情要去做。」

王縉不懂，開口問道：「阿兄此言何意，莫不是有了什麼籌謀？」

王維微微點頭道：「夏卿你不僅文筆過人，胸中亦有韜略。我雖從未領兵打仗，但從前在河西的時候，跟著河西節度使崔希逸也多少長了些見識。依我看來，這潼關是很難守住了，朝中又有楊國忠奸相當道，我也沒有把握能說動聖人……」

「沒有把握你還要回去，那我更不能捨你而去，母親臨終前可是交代過的，你教我如何……」

王維擺了擺手，接著道：「夏卿你先聽為兄把話說完，潼關雖然很難守住，但哥舒將軍勇武過人，未必不能拖些時日，故而為兄必須回去盡力周旋，這是為臣子的本分。郭子儀、李光弼二位將軍，素來治軍有道，更堪大任，我早有耳聞，平定叛賊，恐怕多半要仰仗這二位將軍了。夏卿你與其回到長安城坐以待斃，不如去跟隨他們二位，盡些心力！」

王縉心下了然，點點頭道：「兄長倒是與我所見不謀而合，方今最有可能救大廈於將傾的，恐怕非這二位莫屬了。我確實與李將軍有些交情，若是去投奔他，或許也能助他一臂之力。」

王維欣慰地笑笑，道：「如此甚好，如此，你我兄弟二人也算是為大唐盡了力，雖死無憾！」

「阿兄，你一個人孤身在長安城中，一定要自己保重，否則我無法心安！」王縉的眼神裏透露出無限的關切之情。

王維寬慰他道：「放心，為兄自會小心！」

馬車出了輞川便一路疾馳，飛鳥掠過，白雲飄散，輞川愈來愈遠，而長安城近在眼前。回到了長安城，王縉即刻申請調度。軍中此時正是用人之際，很快便下來了調令。王縉連夜收拾了行裝，騎上快馬，揚鞭而去。王維站在門口，看著王縉遠去的方向，佇立良久。

身居給事中之職的王維極言進諫，然而果不出所料，他的諫言沒起到什麼效果。哥舒翰在潼關原本守勢尚佳，奈何安祿山用計，派老弱之兵上陣誘敵，軍報傳來，督戰者斥責哥舒翰面對弱兵怯戰，加上楊國忠與有心之人不住攛掇，玄宗不顧勸阻，勒令哥舒翰出兵，哥舒翰最終中了敵人之計，兵敗如山倒。

很快，潼關失守，戰火以不可阻遏之勢襲向長安城。玄宗見勢不妙，帶著親眷出逃，楊貴妃身死馬嵬坡，玄宗一行奔向蜀地，安祿山的大軍則攻破了長安城的大門，長安陷落。

原本歌舞昇平、繁花似錦的長安城，如今徹底陷入了混亂之中，到處是泣血哀嚎，到處是逃命的百姓和胡作非為的叛軍。

到了深夜，原本應該處在宵禁之中安寧的長安城，仍然沒有絲毫平靜，追逃殺戮之聲不絕於耳。

王維身上帶著細軟，藏在金光門附近的群賢坊裏，小心翼翼地躲避著叛軍的搜索。出了金光門，王維便可以逃離陷落的長安城了。他覷準了時機，奮力奔向金光門，然而，就在這時，一把明晃晃的長刀架在了他的脖子上。

「轉過頭來！」持刀的叛軍對王維惡狠狠地斥道。長刀在頸，王維只好依言轉過身來。叛軍舉著火把靠近王維，火光之下，有人立即便認出了他。

「這是個大官，時常在皇帝身邊侍候的，從前我跟著在長安侍奉的時候，在驪山行宮見過他，詩畫雙絕，在長安城是個有名氣的！」一個叛軍頭目在旁邊喜出望外地叫道。

持刀的那個叛軍也點點頭，跟著興奮起來：「忙活了一晚上，終於抓到了個有用的，這下可以交差了。抓到了這麼個大人物，恐怕有不少獎賞呢！」

王維慌忙道：「二位誤會了，我不是什麼大官，不過是寫寫詩文、畫些畫罷了，上不得檯面。抓了我這無用之人，莫說沒有賞賜，少不得還要挨罵，二位便放了我去吧！」

「少廢話！我們兄弟自然知道你有用無用，乖乖跟我們走便是，若是不從，小命休矣！」兩個叛軍連嚇唬帶強迫，帶走了王維。

王維心知這一次在劫難逃，他忍不住回首看了看近在咫尺的金光門。離逃出生天只有那麼一步，但就差這麼一步，從此命運便截然不同。

身陷敵營

王維成了安祿山的階下囚。安祿山對王維頗為欣賞，又想利用他勸降別人，便沒有讓他直接下獄，而是軟禁在洛陽菩提寺。

王維一直喜愛的寺廟清淨之地，如今卻變成了禁錮他的牢籠。

夜色淒涼，王維坐在禪榻上，雙目無神，面如死灰。禪房裏死一般的寂靜，慘白的月光從窗子照進來，人的影子在牆上被拉得很長。

突然，「吱呀」一聲，禪房的門打開了，一個身著偽朝官服的人走了進來。

「怎麼樣啊，想得如何了？我們大燕皇帝惜才，憐你是個名士，好意想要賜你官職，你可莫要不識好歹！」

王維端坐在榻上，雙目緊閉，不予理睬。來人氣急敗壞，便要上前用強，卻見王維突然間渾身抽搐不止。

「休要裝模作樣，妄圖蒙混過關！」偽官說著還想要威脅王維，但走近之後，卻發覺王維的狀況不對，左思右想之下，只得叫了郎中。

「如何？」見郎中診了脈，叛軍喝問道。

郎中也是陷賊之人，平日裏便聽聞王維的詩名，心裏十分佩服。他看出王維的病症有些蹊蹺，看似瘧疾痞病，恐怕是服了什麼藥。郎中出於惻隱之心，並沒有將王維戳穿，而是思忖片刻，說道：「這是痞病，重者下痢不止，恐怕有性命之憂，需要用藥靜養，不能再受驚嚇。」

偽官臉上現出狐疑的神色：「好好地怎麼得了這種病，你可知欺瞞我是何等罪過？」說著便抽出了腰刀。郎中只得求饒道：「小老兒不敢有所欺瞞，依照脈象，確實是此症無疑。小老兒行醫數十載，斷然不會有錯。」

「既然如此，那你便看顧著他，不能讓他死了，有事來報，否則你要你小命，聽明白了嗎？」偽官見他言語舉止不似撒謊，神色便緩和下來。郎中唯唯應諾。此人又對王維說道：「你最好盼這病快些好起來，我們大燕可不養廢人！」說罷便氣呼呼地轉身離開。

此時，王維才掙扎著發出了聲音，對郎中致謝道：「方才多謝您替維隱瞞，否則不堪設想。」

郎中擺擺手，說道：「都是大唐子民，相互幫襯是應該的。只可惜小老兒沒什麼本事，只得聽他們的吩咐。不過您這藥用的分量也太重了些，恐怕是不好受的。」

王維有氣無力地說：「如今大唐危難，維無法慷慨赴死，已經是有愧，受這些苦倒是沒什麼，只不過這痢症骯髒，倒是要委屈先生了。」

郎中連連搖頭：「不妨事，不妨事，只不過郎君可要早做打算。我看這門口有五個彪形大漢手持赤棒，無論郎君使什麼心思，恐怕都逃不出去了！」

王維一時也沒了計較，掙扎著連連搖頭，忍著藥力發作的痛楚，哀嘆不已。

王維做出染疾假象，期望逃脫偽職，但一直沒有找到脫身之法。之後一個月裏，王維幾乎無力行走，水米難進，面容枯槁，病骨支離，只是勉強留著一口氣而已。

後來，王維的伎倆還是被叛軍戳穿了，安祿山為了表現寬宥，並沒有因此殺了王維。王維在無可奈何之下，接受了安祿山朝廷的偽職。

授官的那天，陣仗不小，王維內心卻痛苦萬分，只得強顏應對。那身官服穿在身上，如有千斤重，壓得王維喘不過氣來。

就這樣，王維被困在洛陽，度日如年，每天都在盤算著如何才能逃走，但是一直想不出辦法。

天寶十五載（七五六年）的秋天，梧桐葉落，秋雨蕭疏，在賊營中被困的時間愈來愈長，王維的心也一點點地往下沉，而這時的安祿山，卻是愈發有了帝王的架勢。

這一日，安祿山召宴群臣，在洛陽神都苑的凝碧池畔大擺宴席，命一眾被俘獲的梨園弟子奏樂歌舞助興。

清秋的夜晚，凝碧池燈燭高張，絲竹管弦的聲音繚繞不絕，熱鬧非常。

然而，這些梨園弟子大都是玄宗身邊的老人，被拘禁在這裏，心下都有一些憤懣，樂聲裏不免有一些悽愴。安祿山愈聽愈不對勁，喝令他們換個歡快的調子，眾梨園弟子便乾脆藉機罷演。

安祿山大怒，拍案而起，要治眾樂工的罪。這時一個樂工憤然站起身來，將琵琶摔向地面，破口大罵：「你個賊胡篡權謀反，大逆不道，我雷海清等著看你不得好死！」

雷海清這樣一喊，眾樂工的反抗情緒都被激發出來，一時間群情激憤，原本絲竹飄飄的凝碧池之宴霎時間亂作一團。

安祿山命人當場擊殺了雷海清，雷海清死狀淒慘，眾樂工都嚇得停了下來，噤若寒蟬。

王維也在席間，眼看著一個樂工以身殉國，內心受到了極大的衝擊，自感相形見絀，心裏波濤洶湧。

安祿山沒了宴飲的興致，便遣散了眾人，匆匆結束了宴席。因池畔混亂，王維身邊的叛軍也前去控制場面，王維得空，便獨自走到神都苑的一處僻靜角落，稍作喘息，整理思緒。

王維抬頭望著皎潔的明月，腦海裏不斷浮現出雷海清憤然砸摔琵琶以及被殺的畫面。他也曾想過壯烈地以身殉國，但始終沒有勇氣，心中一直有愧，此時此刻，心底的痛苦翻湧而出。

就在此時，忽地傳來了窸窸窣窣的聲音，王維警惕地轉過身去，試探地問道：「何人？」

「是我！裴迪！」來人小聲地回道。王維藉著月光看去，眼前的人一身白衣，正是好友裴迪。

王維陷在賊窟十月餘，每天都生活在水深火熱之中，日日掙扎在生死之間，精神幾近崩潰，如今在賊營之中得見昔日摯友，不禁一下子落下淚來。

「摩詰兄，我是來救你出去的！」裴迪小聲說道。

王維的內心自然是激動不已。身處無邊黑暗之中，終於看到了光亮，看到了希望，如何能不動容？然而這份激動只一瞬，便被王維硬生生地壓了下去。王維搖搖頭，哽咽道：「裴兄冒死來見的情義，維深感於心，今日能得見一面，已是上天垂憐。但是維身邊賊人看得忒緊，如若維與你離去，不消片刻便會被發現，維不能陷你於險境之中。」

裴迪的眼中也有淚光閃動，他激動地道：「我敢來此，自然是不怕涉險，你一片好意關照我，我又怎能捨你而去？」

二人說話之間，有人聲傳來，王維怕裴迪被叛軍發現，匆忙塞給他一張小箋，道：「來不及了，你快快離開，這首詩你幫我帶出去，便是救了我了！」

說罷，不等裴迪反應，王維便迎著人聲走了過去，裴迪無奈，也只得拿著紙箋離開。

離開神都苑，裴迪找了個安全清淨的地方，展開紙箋，藉著月色，動情地念出箋上的詩句：「萬戶傷心生野煙，百官何日再朝天。秋槐葉落空宮裏，凝碧池頭奏管弦。」

裴迪念罷詩句，不禁摩挲著紙箋上的字跡，遙望神都苑所在的方向，自言自語道：

「摩詰啊摩詰，此詩我便是拚了性命，也會送出去，但盼你能平安無事，渡過難關！」

深陷賊營的王維依然日日憂憤，他只能在菩提寺內誦經禮佛，參禪悟道，希望可以得到些許解脫。

這一天，有人到菩提寺禪房請王維過府一敘。由於唐軍奮力反擊，叛軍的日子也不好過起來，菩提寺的守備鬆懈了不少，而且來人也是偽職官員的僚屬，守衛便不太提防，隨了他們去。

王維認識來人，是同陷於安祿山之手的韋斌的僕從。韋斌與王維少時便是好友，當初王維假裝染上瘖病，韋斌就曾來探望，幫了王維不少忙。但身在賊窩，行動不像從前那樣隨意，後來二人便很少會面了。

而今韋斌的僕從又來相請，王維雖然歡喜，但心中莫名地有些不安。

入得韋家廳堂，但見韋斌已經備好了食饌等候王維。然而他面色蒼白，勉力支撐著靠在几案之上。見到王維，韋斌臉上現出了一絲喜色。

王維慌忙走近詢問道：「韋兄你這是怎麼了？面色竟會如此難看？」

韋斌搖搖頭道：「戴罪之人，愧生天地之間，摩詰不必為我憂心。我自知命不長久，所以貿然相請，見君一面，才好安然離去。」

王維趕忙勸道：「韋兄莫要這樣說。你我相交數十載，若是有什麼難處，說與維知道，維定會全力相幫。」

僕從見韋斌這副樣子，實在是不忍看下去了，啜泣著對王維說道：「郎君，我家大人這些日子以來，憂憤在心，積鬱成疾，前些日子郎中來看過了，說已是藥石無效，命不久矣。但是大人得知此事之後，卻十分高興，說是『死得其所』，您快勸勸他吧！」

王維與韋斌處境相似，同樣是被迫任了偽職，內心萬分煎熬，韋斌的求死之心，王維完全可以理解，因此話到嘴邊，卻無論如何也說不出口。

韋斌卻只是淡然一笑，道：「摩詰兄莫要聽他的，也莫要勸我，我已無心求生，當真是死得其所！」

王維方想開口再說些什麼，韋斌卻緩緩從腰間取下來一枚玉玦，顫顫巍巍地遞給王維，道：「摩詰兄日後若能夠逃出生天，只需將此玉玦呈給聖人，以表斌的忠心，便是對斌最大的恩德！」

說罷，韋斌已是泣下漣漣，王維也不禁淚水縱橫。韋斌用顫抖的右手勉力舉起酒杯，對王維道：「你我相交一場，死前還能與摩詰對飲，也算死而無憾了！」

王維淚眼矇朧地舉起酒杯，二人的手都不住地顫抖，酒杯輕輕相碰，酒水灑了大半。面對命運巨大的網，他們都無能為力，只能默默飲下杯中的酒。

第二天，王維在禪房內聽說了韋斌身死的消息，他閉上眼睛，任憑淚水肆意落下。

不久，王維便聽說了一個大快人心的消息，安祿山被兒子安慶緒殺死，叛軍大勢已去。

消息剛出來沒多久，王維便發現菩提寺的守衛都漸漸散了，他第一次在沒有任何限制的情況下走出禪房。終於自由了，但是陷賊近一年、身受偽職的王維卻沒有絲毫喜悅之情，他知道等待著自己的將會是什麼，接下來要面對的事情更讓人難堪，或許像韋斌那樣體面地死去，是一種幸運。

靜照獨往

經過郭子儀、李光弼等李唐大將的奮戰，唐朝軍隊終於收復了陷落的兩京。安史之亂終於被平定了。

曾經在安祿山偽朝任過偽職的三百多名大小官員，都被羈押回長安，以曾任左相，並在安祿山偽朝做過中書令的陳希烈為首的高官皆下了獄，而其他的文官則被羈留在楊國忠的舊宅邸，王維也在其中。

楊國忠的舊宅在長安城的宣陽坊，緊鄰著曾經歌舞昇平的平康坊以及喧鬧繁華的長安東市。

再次走進長安城，王維卻成了階下之囚，甚至可以說是大唐的罪人。王維從來不願意接受安祿山的偽職，一直在努力抗爭，可以說有其名而無其實。不過無論如何，畢竟他還是接受了任命，這個汙點，他是無論如何也洗不掉的。

已近暮年、飽經滄桑、心中壓著巨大道德包袱的王維，兩鬢有些白了，在洛陽的這一年裏，他的腰都有些彎了。看著歷經浩劫、百廢待興的長安城，王維心下感慨，不僅是他，就連這巋然不動的長安城也是歷經沉浮。

帶著滿心的感慨，王維隨著眾人來到了楊國忠的舊宅。在這些被羈押的大小官員裏，有叫冤的，有求情的，還有哭鬧的，然而無論他們如何掙扎，終究還是一個個被提去過了審，有的掉了腦袋，有的被流放，有的挨了板子，但是三百多人去得所剩無幾了，還是沒有輪到王維。

王維的心裏十分煎熬，愈是這種時候，他就愈頻繁地想起那些逝去的人，摔琴被殺的雷海清，憂憤而亡的韋斌，想到他們，王維覺得自己若是被判了死罪，也是應當應分之事。

宅子裏幾乎沒什麼人了，顯得十分空曠，空曠得讓人心裏發慌。

正是深秋時節，院子裏的樹葉已盡數飄落，只剩禿枝，北風已經明顯有寒意了，王維卻穿著單衣，就那麼站在院中，看著天空兀自發呆。

「不冷嗎？」一個同樣被羈押的官員問。

王維並不認識他，但同是天涯淪落人，王維友善地回道：「比起洛陽的冬天，這裏好得多。」

那人明白王維的言下之意，沒有再說什麼，而是問道：「你知道這次定罪的規矩吧？一等斬首，二等賜酒自盡，三等杖刑，其餘流放，一個都逃不掉。我聽說前些日子已經斬了十八個，不知道我會是幾等。」

說罷，那人苦澀而自嘲地笑了笑，王維沒有說什麼，只是默默地閉上了眼睛，等他再睜開眼的時候，那人已經被帶走了，只留下了一個背影。

就這樣，楊國忠宅子裏只剩王維一個了，可王維沒有等來帶他去接受審問的人，卻等來了自己的弟弟，王縉。

那一日，王維依然是穿著單衣在院子裏站著，抬頭看著天空，正在這時，他聽到了有人叫了一聲：「阿兄！」

王維這才緩過神來，一轉身，便看到了自己的弟弟王縉，那一　那，王維的眼睛裏噙滿了淚水。

深陷賊營一年，每一天都彷彿一生那麼長，與自己的弟弟再見面，恍如隔世。

與王縉一同前來的還有皇族宗子李遵，正是因為有他同來，王縉才能暢通無阻。李遵早年便與王維相交，但是王維卻萬萬沒想到，自己如今是戴罪之身，李遵竟然沒有避而遠之，反而來看望自己。

王縉與李遵快步走到了王維身邊，王縉十分激動，眼睛裏也滿是淚水：「阿兄，你受苦了！」

王維搖搖頭，然後又向李遵點頭示意了一下，嘴唇翕動了數次，終於問了出來：「罪級定下來了嗎，是死罪、杖刑還是流放？」

王縉眼帶淚水笑了起來，使勁搖頭道：「沒有，都沒有，阿兄你沒事了，我是來接你回家的！」

王維簡直不敢相信自己的耳朵，自己接受了安祿山叛軍的偽職，就等於背叛了朝廷，其他官員無論官職大小無一例外都被定了罪，自己沒有理由無罪豁免。

「夏卿你無須騙我，我心中早有準備，戴罪之身，內心無比煎熬，定了罪對我來說或許是件好事。」王維看著王縉的眼睛，認真地說道。
「夏卿沒有騙你，是真的。」李遵也十分激動。王維難以置信地看著他。
「真的沒有，阿兄，你相信我！」見王維還是不信，王縉繼續說道。
「這裏不是說話的地方，夏卿，咱們先離開這裏再說吧！」李遵這麼一提醒，王縉也反應過來，連忙點頭，與李遵一同引著王維走出了楊國忠舊宅。
李遵已經備好了車馬等在外面。乘著馬車，不多時，三人便到了東市。雖然經歷了戰火的摧殘，有些屋舍還殘留著被破壞的痕跡，人也少了許多，但是此時的長安東市，依舊算得上熱鬧，畢竟無論如何，日子還要繼續。
三人找了家酒肆落座。王縉依然要了一壺蝦蟆陵的郎官清，待酒上桌，王縉便給王維與李遵分別斟了一杯。再次喝到長安的郎官清，王維的心中五味雜陳，那些逝去的好友，痛苦的歲月，通通湧上心頭。
「為什麼？」王維喝了一口酒，繼續問道，「究竟為什麼，聖人會免除了我的罪責？」

王縉也喝了一口酒，故作輕鬆地道：「是因為阿兄的那首詩。」

「詩？什麼詩？」王維一時沒有反應過來，疑惑地問。

「阿兄你忘了？就是你託裴迪帶出來的那首〈凝碧池〉詩，『百官何日再朝天』，阿兄你的心意，聖人都看到了。多虧了裴迪，阿兄你才能免此一劫。」

王維不信，搖了搖頭。他知道僅憑一首詩，不可能免了此等大罪。

「不可能，你說實話，到底是因為什麼？」王維見他不肯吐露實情，神色嚴肅起來。

王縉眼神有些閃爍，拗不過王維執意追問，只得道：「那首詩確實起到了作用，我沒有騙你，只不過除此之外，還有……」

「還有什麼？」王維追問道。

見王縉不願開口，李遵便替他答道：「是夏卿以自己降職一級為代價，換取你免除罪責。再加上夏卿跟隨李光弼將軍平叛有功，故此聖人特意網開一面。」

王維一下子愣住了，看著眼前僅比自己小一歲的弟弟王縉，眼睛又模糊了：「夏卿你……」他喉頭哽咽，已經說不出完整的話。

王縉反而安撫王維道：「阿兄莫要這樣，官職是身外之物，以此換來阿兄你平安無事，再好不過，我心中只有歡喜。再說也是聖人看到了阿兄的一片赤誠，否則也不會應允。」

王維心裏再次翻湧起來，老淚縱橫：「夏卿，是為兄對不住你……」

王縉使勁搖頭，也十分動容：「阿兄你千萬不要這麼說，你我是親兄弟，沒有什麼對不對得住的！」

李遵看著二人兄弟情深的樣子，也是十分感動，他趕忙笑著舉起酒杯，道：「今日摩詰無罪釋放，實在是值得好好高興一番，來，我們喝上一杯！」

王維與王縉趕忙收了眼淚，三人碰杯，陰霾終於過去了，一切彷彿又回到了從前。

王維不僅被赦免了罪責，還很快被重新授予了官職，轉官太子中允，正五品，與原先的官職給事中同級。然而王維無法原諒自己，於是寫了封請辭書〈謝除太子中允表〉，謝絕就任太子中允之職，但很快，朝廷又將王維官復給事中，後來王維更是官升一級，任尚書右丞。

但王維自己日日活在自責內疚之中，雖然仍在朝廷任職，但歸隱之心更重，更常待在輞川寄情山水。

然而，即使身在輞川，王維內心的痛苦也沒有一日停止過，雪上加霜的是，與自己相依為命的弟弟王縉，很快又被派到蜀地為官。

王維已近暮年，垂垂老矣，身體十分虛弱，與王縉分別的時候，他甚至沒有勇氣去送行，只是在自己的房間裏，對著經案靜坐，以禪坐化解內心的悲傷。

不僅王縉外任，裴迪也早已經離開長安到蜀地做官了，二人甚至都沒有來得及見上一面。不過，裴迪走後，幸而有一個叫錢起的年輕人時常陪在王維身邊，和他在輞川酬唱賦詩。除了錢起，偶爾也會有一些舊日的友朋前來看望王維。

每次在長安城與輞川之間往返，王維都能看到路上有許多逃難的百姓，心中不忍，於是給朝廷上了一封情真意切的〈請施莊為寺表〉，將輞川別業無償改為僧寺，供窮苦之人暫時避難用。

站在輞川別業門口，王維的內心不是沒有不捨，他對輞川別業的感情十分深沉，在這裏他度過了人生中一段難得的平靜歲月。

見王維依依不捨，站在一旁的錢起不解地問道：「先生既然如此不捨，為何堅持要施莊為寺呢？」

王維沒有立刻回答，而是抬頭看了看不遠處的終南山。群山之巔依然聳入雲端，四周青山綠水，群鳥高飛，王維的眼前浮現出了當年與裴迪、崔興宗、王縉以及一眾友人在輞川別業詩酒唱和的美好畫面。

想著想著，王維的臉上浮現出了笑容，他指著一個穿著粗布衣衫、抱著孩子走進輞川別業的老婦人，道：「你看，這就是我要這麼做的理由。我此生已沒有太多指望，唯願贖罪，如果能讓百姓不受風雨凍餒之苦，便是值得！」

自此以後，失去了輞川別業這個心中桃花源的王維，總是帶著孤寂與揮之不去的自責，或是尋訪寺廟，或是在山水之間獨行悟道，靜照獨往。

時光荏苒，王維似乎預感到自己將不久於人世，於是字字情真地上了一封〈責躬薦弟表〉，願自己降職，換取弟弟回京任職，朝廷答應了。不久，王縉寄來家書，說他已經動身，不日便會抵達長安。

初夏，夜已深，窗外唯有蟲鳴唧唧，顯得夜愈發靜謐，王維獨坐繩床，月光照著經案上的藥臼、茶鐺，也照在王維滄桑的臉上。

王維閉著雙眼，一邊守定參禪，一邊念著王縉，盼望他早日回來。

忽地，一陣風吹來，門「吱呀」一聲開了，王維睜開眼睛，彷彿看到王縉走了進來。

「夏卿！」王維喜出望外，想要起身迎上去，卻只伸出手去，便再沒半分力氣。他臉上帶著心滿意足的笑容，離開了人世，終年六十一歲。

─王維生平簡表─

七〇五年（唐中宗神龍元年）

宰相張柬之等發動政變，逼武則天退位，中宗復位，復國號唐。本年武則天卒。

七一〇年（景龍四年、唐少帝唐隆元年、唐睿宗景雲元年）

中宗卒。韋后專權，立李重茂為帝。相王之子、臨淄王李隆基起兵誅韋后等，擁立相王，是為睿宗。

日本元明天皇遷都平城京，飛鳥時代結束，奈良時代開始。

七一二年（太極元年、延和元年、唐玄宗先天元年）

睿宗傳位太子李隆基，是為唐玄宗。尊睿宗為太上皇。

七一三年（先天二元年、開元元年）

太平公主謀廢玄宗，事泄，賜死。

玄宗賜封大祚榮為渤海郡王，震國更名為渤海國。

七一七年（開元五年）

日本吉備真備、阿倍仲麻呂（晁衡）從遣唐使入唐留學。

七二一年（開元九年）

劉知幾卒，所著《史通》總結歷代史書編撰的利弊得失，是中國第一部史學評論的專著。

七一五年（唐玄宗開元三年）

離家赴長安。

七二一年（開元九年）

進士及第，官太樂丞，送綦毋潛落第還鄉。

七二二年（開元十年）

外放濟州，為濟州司倉參軍。

七二五年（開元十三年）

祖詠及第授官赴任途中，經過濟州，王維留祖詠過夜，並送他前往齊州，賦詩作別。

七二六年（開元十四年）

唐在黑水靺鞨置黑水都督府（駐地在今俄羅斯哈巴羅夫斯克，即伯力）。

七三四年（開元二十二年）

日人吉備真備攜《唐禮》、《大衍曆》、《樂書》等歸國。

七二八年（開元十六年）

約於這年秋天返回長安。

七三四年（開元二十二年）

獻詩張九齡。

七三五年（開元二十三年）

官拜右拾遺。

七三七年（開元二十五年）

張九齡被貶荊州，其後王維奉命出使河西。

七三八年（開元二十六年）

這年五月，崔希逸改任河南尹，王維也離開河西返回長安。

七四〇年（開元二十八年）

遷殿中侍御史，冬天，知南選，從長安出發，經襄陽、郢州、夏口至嶺南。

七四二年（天寶元年）

改州為郡，天下郡府三百六十二，羈縻州八百。戶八百五十二萬五千七百六十三，口四千八百九十萬九千八百。

七四四年（天寶三載）

回紇骨力裴羅自立，遣使來告。冊為懷仁可汗。

七四五年（天寶四載）

以楊太真為貴妃。詔以《道德經》列於諸經之首。

七五〇年（天寶九載）

阿拔斯王朝建立，中國史書稱之為黑衣大食。

七五一年（天寶十載）

劍南節度使鮮于仲通擊南詔，敗績。南詔始依吐蕃。安西四鎮節度使高仙芝率軍擊大食，大敗。

七四四年（天寶三載）

購置藍田輞川別業。

七五〇年（天寶九載）

丁母憂，居輞川。

七五四年（天寶十三載）

唐僧鑑真一行東渡成功，到達日本，次年在日本奈良東大寺築壇傳法。

七五六年（天寶十五載、唐肅宗至德元載）

安祿山稱帝，叛軍攻入長安。玄宗奔蜀，至馬嵬驛（今陝西興平西），軍士嘩變，玄宗被迫殺楊貴妃、楊國忠。太子李亨即位，是為唐肅宗，尊玄宗為太上皇。

法蘭克王國國王丕平把羅馬及其周圍區域送給教皇。

七五七年（至德二載）

安祿山被其子慶緒所殺。郭子儀率軍會合回紇兵收復長安、洛陽。

七五六年（天寶十五載、唐肅宗至德元載）

安祿山叛軍攻入長安，玄宗出逃蜀地，王維為賊所擒，被迫接受偽職。

七五七年（唐肅宗至德二載）

唐軍收復東西二京，王維被囚於楊國忠舊宅，後因〈凝碧詩〉及王縉削官求情，被赦。

七五八年（乾元元年）

復官太子中允，加集賢殿學士，遷太子中庶子、中書舍人，經常與杜甫、岑參等唱和，這年冬天將輞川別業施莊為寺。

七六〇年（上元元年）

轉任尚書右丞。

七六一年（上元二年）

這年春天，因王縉外任為官未還，王維上〈責躬薦弟表〉，七月去世，葬於輞川。

七六二年（唐代宗寶應元年）

玄宗、肅宗相繼而卒。太子李豫即位，是為唐代宗。

雍王李適率蕃漢軍大破史朝義，回紇兵入洛陽，大肆搶劫。

李白卒，有《李太白集》傳世。

七七〇年（大曆五年）

日人晁衡（阿倍仲麻呂）卒於長安。

杜甫卒，有《杜工部集》傳世。

嗨！有趣的故事

王維

責任編輯：苗　龍
裝幀設計：盧穎作
著　　者：霍麗婕

出　　版：中華教育
　　　　　香港北角英皇道 499 號北角工業大廈一樓 B
電　　話：(852) 2137 2338
傳　　真：(852) 2713 8202
電子郵件：info@chunghwabook.com.hk
網　　址：http://www.chunghwabook.com.hk

發　　行：香港聯合書刊物流有限公司
　　　　　香港新界荃灣德士古道 220-248 號荃灣工業中心 16 樓
電　　話：(852) 2150 2100
傳　　真：(852) 2407 3062
電子郵件：info@suplogistics.com.hk

版　　次：2022 年 9 月初版

規　　格：16 開（210mm×148mm）
I S B N：978-988-8807-15-4

本書繁體中文版由中華書局授權出版